Firebase로 안드로이드 SNS 앱 만들기

당신도 인스타그램 앱을 만들 수 있다

당신도 인스타그램 앱을 만들 수 있다

Udemy.com
베스트셀러 강사
하울의

Firebase로 안드로이드 SNS 앱 만들기

하울 지음

서문

필자가 처음 안드로이드 앱 개발에 대해 배웠을 때는 Firebase 플랫폼이 없었다. Firebase 플랫폼이 나온 지는 몇 년 되지 않았다. 예전에는 안드로이드 환경에서 앱만 만들어서는 안되고 서버도 같이 만들어야 했다. 나무로 비유하면 앱은 나무의 줄기나 잎사귀를 말하며 서버는 뿌리를 말한다. 뿌리가 없는 나무는 쓸모가 없다. 땅에서 영양분을 받지 못하기 때문이다. 즉 서버를 만들지 못하면 앱에 뿌려줄 정보가 존재하지 않게 된다. 아무리 코딩 능력이 좋아도 정말 필요한 앱을 만들 수가 없었던 것이다.

Firebase가 출시되면서 프론트엔드 개발자 즉 안드로이드 앱 개발자도 서버를 구축할 수 있게 되었다. 필자가 처음에 Firebase를 공부했을 때는 너무 놀라웠다. 이제는 프론트엔드 개발자와 백엔드 개발자의 경계가 모호해지게 되었다고 느꼈기 때문이다. 앞으로는 서버와 프론트엔드를 같이 개발하는 개발자들이 많아질 것이라고 생각된다.

물론 Firebase가 완벽한 것은 아니다. Firebase의 서버는 생각보다 빠르지 않으며 데이터베이스 쿼리도 세밀하지 않다. 하지만 이것만 적용해도 내가 만들고 싶은 앱을 충분히 만들 수가 있으며 만약에 이용자 수가 많아져서 복잡한 쿼리를 요하는 앱을 만들 정도가 되면 이미 투자를 많이 받아 개발팀이 꾸려진 경우가 많다. 그때는 자연스럽게 프론트엔드 개발자와 안드로이드 개발자 팀이 투입될 것이며 Firebase 데이터베이스가 커버하지 못하는 부분을 개발해 구현하면 된다.

이 책에 대해

집필 도중 Firebase에서 새로운 데이터베이스인 Firestore가 출시되고 구글이 오라클에 자바 사용권과 관련하여 패소를 하게 되면서 자바가 더 이상 발전하기 힘들 것 같다고 판단하여 최종적으로 코틀린을 기준으로 책을 출간하게 되었다. 코틀린을 쓰면서 놀라웠던 점은 정말 코드의 가독성이 높고 간편하다는 것이었다. 자바에는 이런 기능이 왜 없을까 하는 기능들이 이미 만들어져 있으며, 필요 없겠다고 생각되는 부분은 이미 삭제되어 있었다. 이 정도면 초등학생도 조금만 공부하면 안드로이드 앱을 만들 수 있겠다는 생각이 들었다.

또한 스크립트 기반의 함수형 언어 특성상 코틀린을 공부하게 되면 쉽게 스위프트나 파이썬, 자바스크립트로 넘어갈 수 있는 장점을 가지고 있다. 앞으로는 코틀린만 잘 공부해두면 다른 언어도 쉽게 공부할 수 있게 될 것이다. 개발자가 여러 언어로 개발을 할 수 있다는 것은 요즘과 같이 급변하는 시대에 정말 좋은 강점이기 때문이다.

사실 안드로이드 환경에서 SNS 앱을 만드는 개발서는 이 책이 최초라고 봐도 무방하다. 물론 해외 유튜브 영상 중에는 SNS 앱 만들기 영상이 있다는 것을 알고 있지만 필자는 그 내용을 전혀 참고하지 않고 집필했다. 그렇기 때문에 어떻게 보면 필자에게는 새로운 시도이다. 하지만 이런 시도가 코드를 배우는 사람들에게 도움이 되고 한국의 코딩 수준을 높여줄 것이라고 믿고 있다. 마지막으로 이 책에 포함된 소스코드는 지극히 필자의 고민과 고뇌에서 나온 산물인 것을 독자 여러분들도 알아줬으면 한다.

마지막으로

필자는 컴퓨터 관련 전공자가 아니다. 스스로 전공자가 아니라는 말을 하는 이유는 코딩은 앉아서 책으로 공부하는 학문이 아니라는 말을 하기 위해서다. 전공자가 아니더라도 코딩 고수가 될 수 있다. 코딩은 감각이며 직관이다. 열심히 책을 보며 문법을 열심히 외우고 푼다고 해서 코딩을 잘하는 것도 아니다. 코딩을 잘하고 싶다고 해서 문법만 죽어라 공부하는 것은 피아노를 잘 치고 싶은데 피아노를 치지 않고 피아노의 역사나 음악 이론만 공부하는 것과 같다.

물론 이론을 공부하는 것도 중요하다. 하지만 현장에 나와서 직접 뛰는 것과 공부만 하는 것은 엄청난 차이가 있다. 백문이 불여일견이라는 말이 있다. 뭐든지 시도해보면서 실체를 봐야 한다. 다시 한 번 말하지만 코딩은 체득하는 학문이다. 코딩을 잘하기 위해서는 문법을 마스터해야 한다는 고정관념을 버리고 만들어보는 것이 정말 도움이 많이 될 것이다. 만들면서 "이게 왜 안 되지?"라는 말을 하며 시행착오 속에서 해결법을 찾는 것 자체가 진정한 코딩 공부라는 것을 깨닫게 될 것이다.

저자 소개

하울

판교 KT에서 KT Membership 개발 및 유지 보수를 맡고 있으며 온라인 강의 사이트 Udemy.com의 1기 코틀린 안드로이드 부분 베스트셀러 프로그래밍 강사이기도 하다. 유튜브에서 4천 명 이상이 구독하는 "하울의 코딩 채널"을 운영하면서 iOS, Android, Node.js의 코딩 영상을 제작하고 있으며, 현재 블록체인에 관심이 많아 'Howlab'이라는 스터디 모임을 만들어 공부하고 있다. 비 컴퓨터 학과 출신의 프로그래머로서 코딩은 꼭 학위를 따고 문법이나 이론 위주로 공부하면 잘한다는 고정관념을 깨는 것을 목표로 강의하고 있다.

목차 contents

Firebase로 안드로이드 SNS 앱 만들기

1

Firebase
시작하기

Firebase란?

Firebase(Firebase)는 2011년 Firebase(Firebase, Inc)사가 개발하고 2014년에 구글에 인수된 모바일 및 웹 어플리케이션 개발 플랫폼이다. Firebase가 구글 I/O에서 정식으로 소개된 것은 2015년이지만 최근에서야 플랫폼이 유명해지기 시작했다. 모바일 서버 개발에 필요한 인증, 데이터베이스, 스토리지, 푸시 알람, 원격 구성, 애드워즈(광고), Node.js 기반에 Cloud Fuction을 제공한다.

과거 모바일 서버를 개발하기 위해서는 인증, 데이터베이스, 푸시 알람, 스토리지, API 등 모든 것을 개발해야 했다. 하지만 모바일 서버는 이런 모든 것을 구성하는데 구성하는 범위가 매번 새로운 앱들과 차이 나지 않기 때문에 리눅스를 설치하고, FTP를 설치하고, 데이터베이스를 설치하고, 노드 서버나 스프링 서버를 올리고, 방화벽을 올리고, 도메인을 구입하는 등 이런 반복적인 작업을 앱을 개발할 때마다 하는 것은 엄청난 시간 낭비였다.

Firebase는 이 모든 플랫폼을 프로젝트 구축 시 자동적으로 만들어준다. 또한 서버를 구축하기 위해서 리눅스 명령어를 알 필요도 없으며 도메인을 구입할 필요도 없고 개발하는 동안에는 서버를 구입할 필요도 없다. 초기 개발을 시작할 때는 서버와 어떻게 통신을 하고 통신한 데이터를 어떻게 처리해야 하는지 경험할 수 있는 기회가 많이 없다. 경험하기 위해서는 서버 개발자가 있는 회사에 들어가거나 혹은 자신이 백엔드 개발을 배워야 한다.

사실 안드로이드 개발자가 백엔드까지 한다는 것은 시간도 많이 필요할 뿐만 아니라 쉬운 일이 아니다. 하지만 Firebase를 이용하면 손쉽게 서버를 구축할 수 있으며 어떻게 서버와 통신하기 위해서 안드로이드 코드를 작성해야 되는지 감을 잡을 수가 있을 것이다. 앞으로도 이렇게 모바일 서버를 플랫폼화하여 제공하는 서비스들이 많이 생겨날 것이며 사용법 또한 Firebase와 많이 다르지 않을 것이라고 생각된다. 앞으로는 이런 플랫폼으로 프론트 개발자와 백엔드 개발의 경계가 모호해질 것이며 적은 비용으로 매우 좋은 앱을 만들 수 있는 기회가 많이 생길 것이라 생각된다.

Firebase의 장점

물론 앞의 글처럼 파급력에 장점이 포함되는 부분이 많을 것이라고 생각된다. 하지만 기능적인 측면에서 장점에 대해 차례차례 설명을 진행할까 한다. 대표적인 Firebase의 기능으로는 인증, 데이터베이스, 스토리지, 원격 구성, 푸시 알람이 있다. 어떤 점이 Firebase의 장점인지 살펴보도록 한다.

첫 번째, 인증 시스템을 지원한다. 인증은 Firebase에서 로그인을 담당하는 부분이다. 로그인을 담당하는 부분은 직접 서버로 개발할 경우 엄청나게 복잡한데, 그 이유는 인증된 사용자인지 확인하는 세션 처리에서 그 세션으로 데이터베이스, 저장소에 접근해도 문제가 없는지 확인하는 보안 처리, 비밀번호 찾기, 아이디 찾기, 비밀번호 바꾸기, 이메일 인증 등 복잡한 것을 구축해야 할 것이다. 이 기능들은 사실 처음 회원 가입할 때만 많이 쓰일 뿐 별로 쓰이지 않는 기능이지만 이것을 구축하는 것은 굉장히 까다롭다. 물론 Firebase는 이 모든 것들을 지원한다. 여러분은 간단하게 서버를 구축할 수 있는 것이다.

두 번째, Firebase 데이터베이스는 다른 데이터베이스와 다르다. Firebase는 NoSQL 기반의 3세대 데이터베이스이다. 현재 많이 쓰이고 있는 데이터베이스는 오라클이나 MySQL과 같은 관계형 데이터베이스인데, 2.5세대 데이터베이스인 관계형 데이터베이스는 1970년대에 만들어진 것으로 알고 있다. 현대 빅데이터 인공지능 시대로 넘어가면서부터 Firebase는 Document 형식의 빠르고 간편한 NoSQL 기반의 데이터베이스를 도입했다.

또한 Firebase는 다른 데이터베이스와 다르게 RTSP(Real Time Stream Protocol) 방식의 데이터베이스를 지원하고 있다. 필자는 예전부터 RTSP 방식은 동영상에서만 사용하는 방식인 줄 알았는데 데이터베이스에서도 지원한다고 해서 깜짝 놀랐다. RTSP는 말그대로 실시간으로 데이터들을 전송해주는 방식을 말한다. 실시간으로 데이터를 전송하는 데이터베이스라고 생각하면 된다. 이 방식을 사용하면 소켓 기반 서버를 만들어서 통신하는 것보다 비약적으로 코드의 양이 줄어들게 되어 코드 몇 줄로도 원하는 구성을 만들 수가 있다.

세 번째, 원격 구성을 지원한다. 원격 구성이라고 하면 뭔가 제대로 번역되지 않은 단어처럼 보이긴 하지만 원격으로 앱의 환경 상태를 구성하는 것을 말한다. 앱의 배경화면 테마나 폰트를 바꾼다던가 업데이트 알림창을 띄운다던가 앱의 환경을 원격으로 구성할 때 사용하는 기능이다. 물론 어느 정도 개발을 했던 사람들이라면 데이터베이스에 플래그 값을 만들면 된다고 답할지도 모른다. 하지만 데이터베이스의 플래그 값을 이용하는 것은 어떻게 보면 표준화되지 않은 방법이며 이것을 정식적으로 만들어서 Firebase 콘솔을 이용해 쉽게 설정할 수 있도록 만든 것이 원격 구성이다. 물론 필자는 이것을 앱에 문제가 있거나 앱 업데이트를 해야 될 때 유용하게 쓰고 있다.

네 번째, 콘솔을 제공한다. 이렇게 말하면 콘솔이라는 용어가 감이 오지 않을 수도 있다. 정확히 말하면 서버 관리자 페이지라고 생각하면 된다. 앱의 서버를 만들게 되면 리눅스, FTP, MySQL(데이터베이스), Node.JS 서버 혹은 Spring 서버, 푸시 보내기 API만 구축할 것이 아니라 이 모든 것을 관리할 수 있는 관리자 페이지가 필요하다. 회사나 조직에 있는 사람들이 리눅스나 데이터베이스, 서버를 다룰 줄 안다면 관리자 페이지 필요가 없을 수도 있다. 하지만 그런 경우는 많지 않으며 또한 접근 보안을 위해서 관리자 페이지를 만들어야 한다. 그럼 앱을 만들기 위해서는 앱 개발자만 필요한 것이 아니라 서버 개발자 그 다음으로 서버를 관리하고 홈페이지를 만들 수 있는 개발자가 필요한 것이다. 안드로이드 앱을 하나 만들기 위해서 배보다 배꼽이 커지는 것이다. 다행히도 Firebase는 이 모든 것들을 준비해준다.

다섯 번째, Analytics를 제공한다. Analytics는 단어 그대로 통계를 말하며 정확히는 다수의 사용자가 앱을 어떻게 사용하는지 통계 정보를 가지고 있다. 앱의 현재 접속자부터 오류 통계, 사용자 유지율, 고객들의 앱 업데이트 상태, 사용자들이 특정 페이지에 머문 시간, 이벤트 등을 추적할 수가 있다. 이런 데이터들을 수집해서 사용자가 어떤 페이지에서 흥미를 잃었는지, 어떤 페이지가 인기가 많은지 찾아낼 수 있으며 나중에 필요한 맞춤 마케팅을 만들 수가 있을 것이다.

Firebase의 단점

물론 Firebase에 장점만 있는 것이 아니며 단점도 존재한다. 그럼 Firebase의 단점에 대해서 알아보자.

첫 번째, Firebase를 많이 사용한 유저들이 하는 말은 서버의 응답 속도가 종종 느려진다는 것이다. 가령 Firebase로 채팅 앱을 만들었는데 메시지가 늦게 간다던가 혹은 Firebase 인증을 성공하고 나서 로그인을 하고 메인 화면에서 데이터베이스에 접근할 때 서버가 응답하는 데 시간이 조금 걸리는 경우가 있다. 이것은 Firebase의 고질적인 문제이며 계정을 유료로 전환해도 서버의 응답이 지연되는 것은 해결되지 않는다. 그 이유는 서버가 해외에 있기 때문에 종종 처리 속도에 지연이 발생된다. 아마 Firebase가 국내에서 많이 쓰인다면 구글이 아시아 쪽에 서버를 구축해줄 것이며 그렇다면 응답 지연이 해결될 것이라 생각된다.

두 번째, Firebase의 데이터베이스인 Firestore(신버전 데이터베이스)나 RealTime

Database(구버전 데이터베이스) 모두 다 쿼리가 굉장히 빈약하다. SQL에 익숙한 사람들은 Firebase 데이터베이스를 사용하게 되면 굉장히 황당해 할 것이다. 그 흔한 OR문으로 검색되지 않으며 또한 LIKE문도 존재하지 않아서 비슷한 글자나 데이터를 검색할수 없다. 그래서 Firebase를 사용하는 사용자들은 이 모든 데이터를 받아와서 안드로이드 기기에서 필터링해주는 방법을 권장해주고 있다. 아마 추측하건데 RSTP 데이터베이스 방식은 생각보다 서버에 트래픽을 많이 발생시키기 때문에 OR문이나 LIKE문 부분을 제외시킨 듯 싶다.

일단 Firebase의 장점과 단점에 대해서 설명을 했지만 최종적으로 장점이 단점의 많은 것들을 커버하기 때문에 Firebase 사용을 적극 추천한다. 특히 필자가 혼자 앱을 만든다던가 혹은 회사나 조직이 인력이 부족할 경우 Firebase를 이용해서 앱을 만드는 것을 권장한다. 물론 이미 백엔드나 프론트엔드 개발팀이 구성되어 있어서 Firebase 개발이 필요하지 않다고 하더라도 서버와 안드로이드가 어떻게 동기화하고 구성하는지 알기 위해서라도 혼자 자신의 앱을 만들면서 공부하는 것이 좋다.

2

안드로이드
스튜디오
시작하기

안드로이드 스튜디오란?

안드로이드 스튜디오는 안드로이드를 만들어주는 IDE(Integrated Development Environment) 즉 통합 개발 환경 프로그램이라고 생각하면 된다. IDE라는 용어는 생소할 수도 있다. 예를 들어 설명하면 한컴오피스나 MS오피스의 유틸리티 프로그램이 Document나 PPT를 만들어주는 것처럼, 안드로이드 스튜디오는 코딩, 디버그, 컴파일, 배포 등 프로그램 개발에 관련된 모든 작업을 하나의 프로그램 안에서 처리하는 환경을 제공하는 소프트웨어이다. 종래의 소프트웨어 개발에서는 컴파일러, 텍스트 편집기, 디버거 등을 따로 사용했다. 이러한 프로그램들을 하나로 묶어 대화형 인터페이스를 제공한 것이 통합 개발 환경이다.

시작하기 전에

이 책에서는 코틀린과 기초적인 안드로이드 사용법을 알고 있다는 전제하에 예제를 중심으로 설명해나갈 예정이다. 기초적인 문법과 제작 방법이 궁금한 사람들은 코틀린과 안드로이드 문법책을 따로 구매하거나 인프런(https://www.inflearn.com)의 "하울이 강의하는 Kotlin으로 Android 개발부터 Firebase 개발까지" 커리큘럼을 참고하면 좋겠다. 물론 이 책의 코드는 코틀린의 새로 추가된 기능을 최대한 배제하면서 작성되었기 때문에 자바와 자바스크립트 문법만 알고 있으면 금방 따라올 수 있다. 코틀린 언어는 매우 쉽기 때문에 자바를 사용하는 사람들은 독학으로 충분히 배울 수가 있다.

또한 이 책에는 Firebase 사용법에 대해서 정리를 했지만 지극히 SNS 앱을 만드는 데 필요한 부분만 모아서 정리했기 때문에 나중에 자세히 배우고 싶은 독자들은 https://firebase.google.com/docs/android로 접속하여 공부하면 좋을 것 같다.

안드로이드 프로젝트 및 Firebase 연동

Firebase 프로젝트와 안드로이드 프로젝트를 연결하기 위해서는 몇 가지 준비가 필요하다. 안드로이드 프로젝트가 Firebase에 접근하기 위해서는 Firebase에서 발급한 증명서가 필요한데 그 증명서는 "google-services.json" 파일이다. 이 파일 안에 Firebase에 필요한 여러 API 키가 담겨져 있다. 예전에는 지도에서 푸시를 사용하거나 구글 로그인을 사용할 때 각자 다른 키를 발급받아서 번거롭게 일일이 넣어줘야 했지만 지금은 google-services.json에 모두 포함되어 있기 때문에 편리하게 사용할 수가 있다.

그럼 일단 google-service.json 파일과 안드로이드 프로젝트를 연결시켜보자. 연결하는 방법에는 두 가지가 있다. 정식 루트로 연결하는 방법과 간단하게 Asistant를 이용해서 연결하는 방법이 있다. 일단 프로젝트를 만들고 진행해보자.

❶ HowlBookInit 프로젝트 이름을 입력한다.

❷ Include Kotlin Support를 체크한다.

다 만들어진 뒤 Firebase를 세팅하는 방법은 Gradle에 직접 세팅하는 방법과 Assistant로 설정하는 방법이 있다. Gradle은 일일이 개발자 코드를 입력해주는 방법이고 Assistant는 안드로이드 스튜디오가 자동적으로 코드를 넣어주는 방법이라고 생각하면 된다.

Gradle에 직접 세팅하는 방법

여기서 중요한 점으로 Gradle 파일이 두 개가 있는 것을 볼 수가 있다. 일단 Bulid.Gradle(Project: HowlBookInit)의 경우 프로젝트를 전체적으로 관리해주는 Gradle이라고 생각하면 되며 Bulid.Gradle(Module: App) 부분은 제작하는 앱 일부를 관리해주는 것이라고 생각하면 된다. 나중에 프로젝트에서 다른 모듈이나 라이브러리를 넣는 경우가 있기 때문에 이렇게 두 가지로 나눠서 관리하는 것이다.

1. Bulid.Gradle(Project: HowlBookInit)에 코드를 넣어준다.

```
buildscript {
    // ...
    dependencies {
        // ...
        classpath 'com.google.gms:google-services:3.1.1' // google-services plugin
    }
}

allprojects {
    // ...
    repositories {
        // ...
        maven {
            url "https://maven.google.com" // Google's Maven repository
        }
    }
}
```

입력한 예제는 다음과 같다.

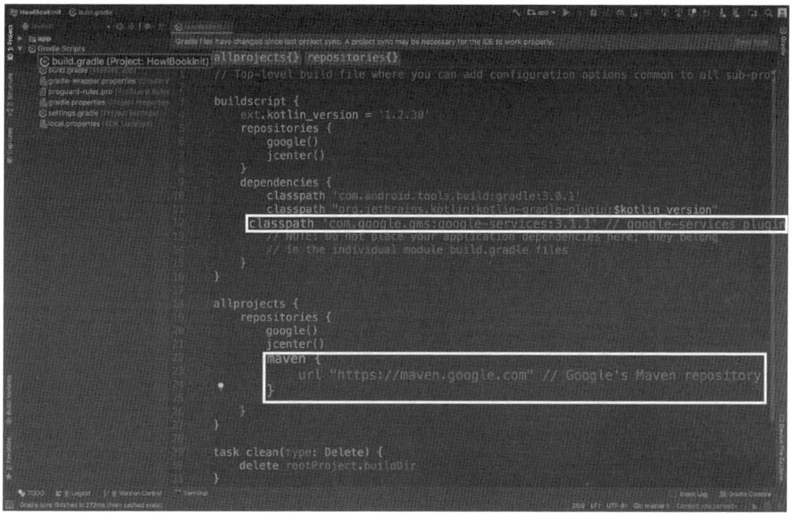

buildscript - dependencies에 classpath"com.google.gms:google-services:3.1.1" 과 allprojects - repositories - maven {url :"https//maven.google.com"} 코드를 넣어주자.

2. Bulid.Gradle(Module: App)에 코드를 넣어준다.

```
apply plugin: 'com.android.application'

android {
  // ...
}

dependencies {
  // ...
  compile 'com.google.Firebase:Firebase-core:12.0.1'

}


// ADD THIS AT THE BOTTOM
apply plugin: 'com.google.gms.google-services'
```

입력한 예제는 다음과 같다.

두 번째 Gradle에 dependencies 안에 implementation "com.google.Firebase:
Firebase-core:12.0.1"값과 apply plugin: "com.google.gms.google-services"값을 넣
어주자.

3. Google-service.json 파일을 추가한다.

클릭하면 "File google-service.json is missing." 에러가 발생한다.

그럴 경우 구글 Firebase 콘솔로 이동한 후 프로젝트를 만들고 Google-service.json 파일을 받아와서 넣어주면 된다.

Google-service.json 파일을 만들기 위해 https://console.Firebase.google.com로 이동한 후 HowlBook 프로젝트를 만들어주자.

시간이 지나서 만들어지면 "계속" 버튼을 눌러준 후 다음 페이지로 이동한다.

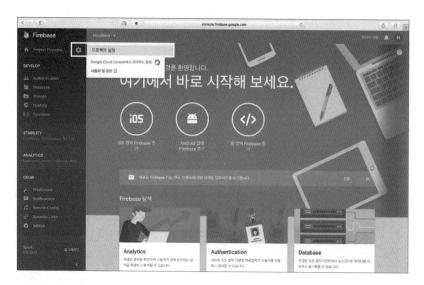

톱니바퀴 모양을 클릭한 후 프로젝트 설정으로 이동한다.

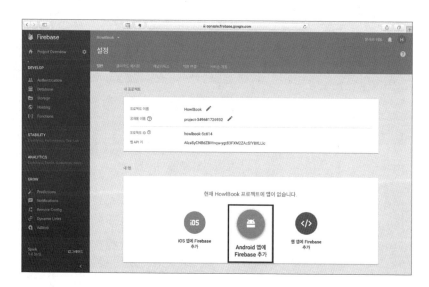

"Android 앱에 Firebase 추가" 프로젝트를 선택한다.

Android Package 이름을 입력하고 생성한다.

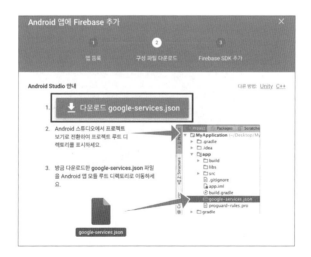

클릭해서 Google-service.json을 다운로드 받고 프로젝트 폴더에 넣어준다. 여기 이미지를 자세히 살펴보면 Google-service.json 파일을 넣는 방법이 나와있다.

자세하게 설명하자면 먼저 Android 〉 Project를 선택한다.

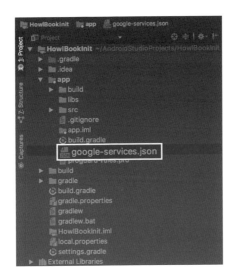

Android → Project로 변경 후 app 폴더에 Google-service.json 파일을 복사해서 넣어준다.

Sync Now를 클릭하면 최종적으로 Google-services.json 파일이 설정된 것을 확인할 수가 있다. 그 다음 단계로 구글 로그인을 위해서는 Debug 인증서의 SHA1 코드 값을 넣어주어야 하지만 이 부분은 나중에 확인하자.

Assistant로 설정하는 방법

방금 전 방법은 굉장히 복잡하다. 필자는 이 방법을 숙달하는 데 조금 애를 먹었다. Gradle이 무엇이고 Dependencies가 무엇인지 찾는데 한참 걸렸던 것으로 기억한다. 이 방법은 굉장히 반복적인 작업인 데다가 자주 쓰지 않으니 매번 문서를 뒤져서 만드는 방법이 불편하긴 했다. 물론 최근에는 저렇게 이미지를 표현해줘서 만들어주지만 초기에는 이렇게 Firebase가 친절하지 않았다. 다행이도 Assistant를 이용하면 손쉽게 프로젝트와 안드로이드를 연결할 수가 있다.

1. Firebase Assistant로 이동한다.

윈도우 상단의 메뉴에서 Tools 〉 Firebase를 클릭하면 된다.

2.안드로이드와 Firebase를 연결한다.

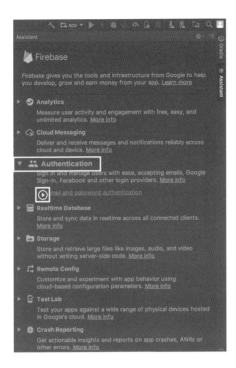

mail and password authentication을 선택한다.

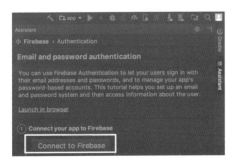

Connect to Firebase를 선택하고 Authenticaiton으로 이동한 후에 Connect to Firebase를 클릭한다.

3. 안드로이드 스튜디오에게 Google 계정 접근 권한을 준다.

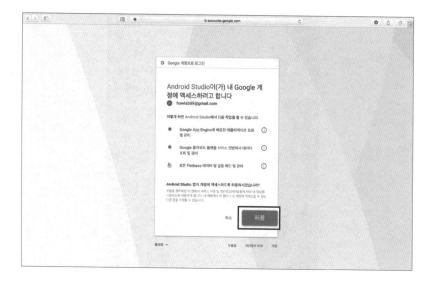

권한 허용을 클릭한다.

4. 안드로이드 스튜디오 구글 계정 연동을 완료한다.

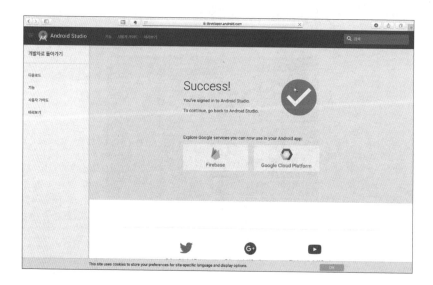

5. Firebase 프로젝트를 만든다.

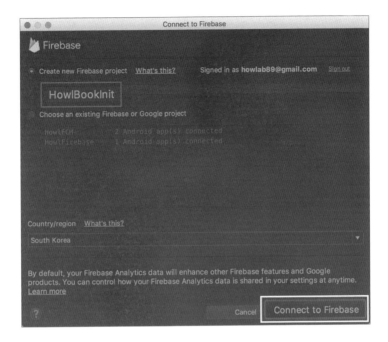

HowlBookInit 입력 후 Connect to Firebase를 입력한다.

자동적으로 Firebase와 안드로이드를 연결하는 작업이 끝나게 되면 Connect your app to Firebase 부분이 Connected로 변환된 것을 확인할 수가 있다.

Firebase 인증

Firebase 인증에는 여러 가지 종류가 있다. 대표적으로는 이메일 인증, 구글 인증, 페이스북 인증, 트위터 인증이 있다. 그 외 다른 플랫폼들이 제공하는 로그인을 추가할 수도 있다. 여기서는 이메일 인증, 페이스북 인증, 트위터 인증을 어떻게 진행하는지 살펴보자.

이메일 로그인

사실 Firebase 인증에서 가장 복잡한 것이 이메일 인증이다. 이메일 인증은 보통 회원 가입과 마찬가지로 이메일 아이디와 비밀번호를 이용해 로그인을 진행하는 방식이라고 생각하면 된다.

이메일 인증이 복잡한 이유는 로그인 화면과 회원 가입 화면을 구성해야 할 뿐만 아니라 비밀번호 재설정(비밀번호 찾기), 비밀번호 바꾸기, 메일 인증하기, 아이디 바꾸기 등 정말 많은 기능들이 있기 때문이다. 만약 이것을 소셜 로그인만으로 대체한다면 간단하게 로그인 버튼 하나만 만들면 된다. 복잡하게 비밀번호 찾기나 아이디 찾기, 비밀번호 변경 등을 구성할 필요가 없다. 그럼 소셜 로그인만 쓰면 되지 왜 이메일 로그인을 구성하는 것일까? 사실 안드로이드에는 소셜 로그인만 앱을 만들어도 앱을 등록하는 데 문제가 없다. 하지만 아이폰 같은 경우는 소셜 로그인으로만 앱을 만들 경우 앱 등록 심사 거부 사유가 된다. 그렇기 때문에 안드로이드를 구성할 때는 소셜 로그인으로만 구성해도 되지만 아이폰까지 만든다면 이메일 로그인을 고려해봐야 한다.

이메일 인증을 시작하기 위해서는 이메일 인증 라이브러리를 설치해주어야 한다. 일단 안드로이드와 Firebase 연결 예제와 같이 설치 방법에는 두 가지가 있는데 첫 번째는

Assistant로 바로 설치하는 방법이 있고 두 번째는 Gradle에 직접 설치하는 방법이 있다. 각자 자신이 편한 방법으로 라이브러리를 설치하면 될 것 같다.

라이브러리 설치 - Assistant 편

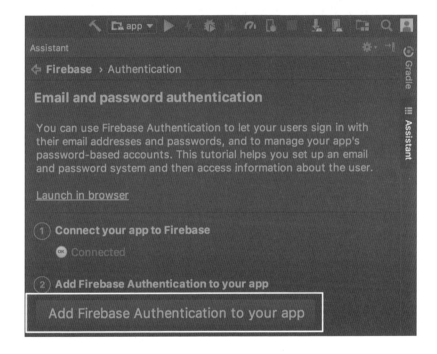

Add Firebase Authentication to your app를 클릭한다.

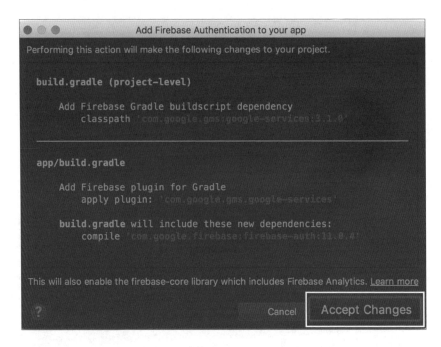

Accept Changes를 클릭한다.

여기서 Classpath "com.google.gms:google-service:3.1.0"과 apply plugin "com.google.gms.google-service"가 있는 것을 볼 수가 있다. 이 코드는 앞서 Gradle에 직접 세팅하는 방법에서 나온 코드이다. 물론 이렇게 Assistant를 쓰면 편하게 Gradle에 코드를 입력할 수 있다. 하지만 무조건적으로 Assistant가 좋은 것만 아니며, Assistant는 안드로이드 스튜디오의 업데이트에 상당히 의존적이기 때문에 최신 Firebase 버전 적용이 매우 늦다는 단점이 있다. 그렇기 때문에 상황에 따라서 직접 Gradle에 코드를 입력해주는 방법이 좋을 수도 있다.

라이브러리 설치 - Gradle편

```
implementation 'com.google.Firebase:Firebase-auth:XX.X.X'
```

Gradle에 위에 코드를 넣으면 라이브러리를 추가할 수 있다. XX.X.X 항목은 버전을 넣는 부분이라고 생각하면 좋을 것 같다.

implementation ´com.google.firebase:firebase-auth:12.0.1´ 입력 후 Sync Now를 클릭해준다.

라이브러리 사용하기

일단 Firebase 서버에 이메일 로그인 기능 사용 설정을 해줘야 이메일 로그인을 진행할 수가 있다. Authentication 〉 로그인 방법 〉 이메일/비밀번호 기능을 사용 설정한 후 확인을 클릭해주자.

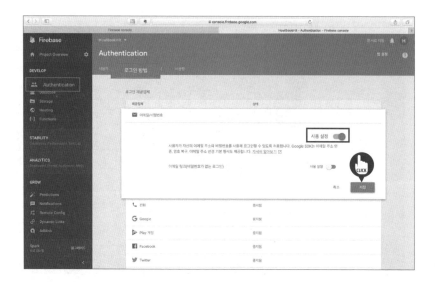

FirebaseAuth는 Authentication를 관리하는 변수이다. 메모리 절약을 위한 Singleton 패턴의 클래스이며 로그인 정보를 관리할 때 사용하는 메인 클래스라고 생각하면 된다. FirebaseAuth에 있는 기능들을 살펴보면 다음과 같다.

명칭	기능
createUserWithEmailAndPassword	회원 가입
signInWithEmailAndPassword	로그인
sendEmailVerification	회원 가입한 이메일 유효 확인
updateEmail	회원 가입한 아이디 이메일 변경
updatePassword	회원 가입한 아이디 패스워드 변경
sendPasswordResetEmail	회원 가입한 비밀번호 재설정

| delete | 회원 가입한 아이디 삭제 |
| reauthenticate | 아이디 재인증 |

FirebaseAuth 호출

FirebaseAuth를 선언하기 위해서는 "FirebaseAuth.getInstance()"를 입력하면 된다.

```
var auth  : FirebaseAuth? = null
override fun onCreate(savedInstanceState: Bundle?) {
...
auth = FirebaseAuth.getInstance()
...
}
```

회원 가입(createUserWithEmailAndPassword)

비밀번호 기반의 계정을 생성하기 위해서는 FirebaseAuth에 있는 "createUserWithEmail
AndPassword"라는 기능을 사용해주면 된다.

〔입력 양식〕

```
createUserWithEmailAndPassword(아이디(String), 패스워드(String))
```

〔사용 예제〕

```
fun createUserId(email : String, password: String){
    auth?.createUserWithEmailAndPassword(email, password)
            ?.addOnCompleteListener(this,{ task ->
                if (task.isSuccessful) {
                    // 아이디 생성이 완료되었을 때
                    val user = auth?.getCurrentUser()

                } else {
                // 아이디 생성이 실패했을 경우
                }

                // ...
```

```
        })
    }
```

로그인(signInWithEmailAndPassword)

비밀번호 기반의 계정을 로그인하기 위해서는 FirebaseAuth에 있는 "signInWithEmail AndPassword"라는 기능을 사용해주면 된다.

〔입력 양식〕

```
signInWithEmailAndPassword (아이디(String), 패스워드(String))
```

〔사용 예제〕

```
fun loginUserId(email: String, password: String) {
    auth?.signInWithEmailAndPassword(email, password)
        ?.addOnCompleteListener(this, { task ->
            if (task.isSuccessful) {
                // 로그인 성공 시 이벤트 발생
            } else {
                // 로그인 실패 시 이벤트 발생
            }
        })
}
```

여기서 중요한 점은 로그인 성공 시 다음 화면으로 넘어가는 코드를 넣는 것으로 생각하는 경우가 많다. 필자도 처음에 Firebase 로그인을 구현하면 "//로그인 성공 시 이벤트 발생" 부분에 인텐트를 넣어서 다음 화면으로 넘어가는 코드를 넣으면 되는 줄 알았다. 하지만 이렇게 될 경우 나중에 자동 로그인 기능, 다른 소셜 로그인 기능들과 충돌할 수 있으니 간단히 로그인이 성공했다는 메시지만 띄워주자.

메일 유효성 체크(sendEmailVerification)

회원 가입 후에 이메일이 유효한지 체크하기 위해서는 sendEmailVerification를 사용하면
된다. 이메일 유효성을 체크하기 위해서 가입된 이메일 주소로 이메일을 보낸다. 여기서 이메
일 유효성 체크를 하기 위해 그에 맞는 제목은 수정할 수 있다. 내용 같은 경우는 스팸으로 악
용될 수 있는 특성상 Firebase측에서 수정하지 못하도록 만들어놓았다.

〔입력 양식〕

```
currentUser.sendEmailVerification (아이디(String))
```

〔사용 예제〕

```
fun verifyEmail(){
    auth?.currentUser?.sendEmailVerification()
        ?.addOnCompleteListener(OnCompleteListener<Void>
{ task ->
            if (task.isSuccessful) {
            }
        })
}
```

Firebase 이메일 인증 양식을 수정해보자. Authentication 〉템플릿 〉이메일 주소 인증으로
이동하면 이메일을 인증하기 위한 발송 메일의 양식을 수정할 수 있도록 되어 있다.

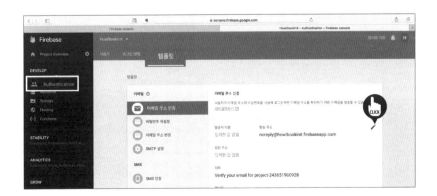

하지만 막상 수정하는 버튼을 클릭하면 제목만 수정만 가능하지 안에 있는 이메일 내용을 수정하지 못하도록 만들어놓았다. 이메일 인증이 스팸으로 약용될 가능성이 있기 때문에 Firebase 측에서 따로 안에 있는 내용을 수정하지 못하도록 조치해놨기 때문이다.

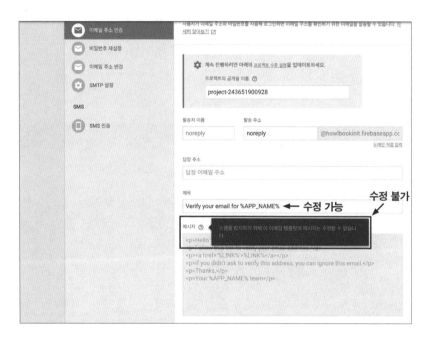

하지만 메시지 내용이 영어로 되어 있는데 수정하지 못하고 그대로 사용해야 하는지 고민할 수도 있다. 그럴 경우 언어를 한국어로 바꿔주면 인증 메시지로 지정해서 보내주게 된다.

템플릿 언어를 Korea로 지정해주자.

패스워드 변경(updatePassword)

이메일 기반 계정의 비밀번호를 변경하기 위해서는 "updatePassword"를 사용하면 된다.

〔입력 양식〕

```
currentUser.updatePassword (패스워드(String) )
```

〔사용 예제〕

```
fun updatePassword(newPassword:String){
    auth?.currentUser?.updatePassword(newPassword)

            ?.addOnCompleteListener(OnCompleteListener<Void>
{ task ->
            if (task.isSuccessful) {
                //패스워드 변경이 성공했을 때 발생하는 이벤트
            }
        })
}
```

아이디 변경(updateEmail)

이메일 기반의 계정 아이디를 변경하기 위해서는 "updateEmail"를 사용하면 된다. 또한 이메일을 변경하기 위해서는 가입된 이메일로 변경할 수 있는 링크를 보내게 된다. 이때 보내는 양식을 설정할 수 있다.

〔입력 양식〕

```
currentUser.updateEmail (아이디(String))
```

〔사용 예제〕

```
fun updateEmail(newEmail:String){
    auth?.currentUser?.updateEmail(newEmail)
        ?.addOnCompleteListener({ task ->
            if (task.isSuccessful) {
                //이메일 변경이 성공했을 때 발생하는 이벤트
            }
        })
}
```

Firebase 콘솔 이메일 양식을 설정할 때도 마찬가지로 이메일 주소 변경 시 변경할 수 있는 링크를 회원 가입된 이메일 주소로 보내게 된다.

마찬가지로 이메일 주소 인증과 같이 템플릿에서 제목만 수정할 수 있고 안에 있는 내용은 스팸으로 악용될 염려가 있어서 수정할 수가 없다.

비밀번호 재설정(sendPasswordResetEmail)

이메일 기반 계정의 비밀번호를 잊어버린 경우 비밀번호를 찾아야 하는데 Firebase에는 비밀번호 찾기 기능은 존재하지 않는다. 하지만 비밀번호를 재설정해줄 수가 있는데, "sendPasswordResetEmail" 기능을 사용하면 비밀번호를 재설정할 수 있는 메일이 회원 가입된 이메일 주소로 전송된다.

〔입력 양식〕

```
sendPasswordResetEmail(아이디(String))
```

〔사용 예제〕

```
fun resetPassword(email :String){
    auth?.sendPasswordResetEmail(email)
```

```
?.addOnCompleteListener { task ->
    if (task.isSuccessful) {
        //비밀번호 재설정 메일을
        //보내기가 성공했을 때 발생하는 이벤트
    }
}
}
```

마찬가지로 비밀번호를 재설정할 수 있는 링크를 이메일 주소로 보내주게 된다.

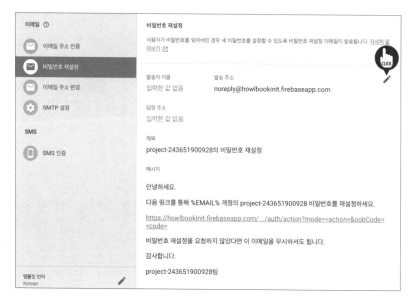

이번 비밀번호 재설정은 다른 이메일 인증이나 이메일 주소 변경과 다르게 안에 있는 메일 내용을 수정할 수 있다.

이처럼 손쉽게 이메일 제목과 메시지 내용을 수정할 수 있다.

회원 탈퇴(delete)

소셜 로그인으로 가입한 아이디나 혹은 비밀번호 기반의 아이디를 삭제할 때는 "delete"를
사용해주면 된다.

〔입력 양식〕

```
currentUser.delete ()
```

〔사용 예제〕

```
fun deleteId() {
    auth?.currentUser?.delete()
        ?.addOnCompleteListener({ task ->
            if (task.isSuccessful) {
                //회원 아이디 삭제에 성공했을 때
```

```
        }
    })
}
```

회원 재인증(reauthenticate)

이 기능은 보안 관련 부분을 변경할 때 재인증해주는 기능을 말한다. 대표적으로 아이디
변경, 패스워드 변경 회원 재인증을 해줘야 하며 "reauthenticate"을 사용하면 회원 재
인증을 해줄 수가 있다.

〔입력 양식〕

```
currentUser.reauthenticate (Credential)
```

〔사용 예제〕

```
fun reauthenticate(email:String,password: String) {

    val credential = EmailAuthProvider
        .getCredential(email, password)

    auth?.currentUser?.reauthenticate(credential)
        ?.addOnCompleteListener( { task: Task<Void> ->
            if(task.isComplete){
                //재인증에 성공했을 경우 발생하는 이벤트
            }
        })
    }
}
```

FirebaseAuth.AuthStateListener는 Authentication 로그인 상태를 관리하는 인터페이
스이다. 가장 많이 쓰이는 부분은 로그인 상태가 변경될 때로, 로그인이 되던가 로그아웃
이 되었을 때 가장 많이 사용한다.

```
authListener = FirebaseAuth.AuthStateListener { FirebaseAuth ->
    val user = FirebaseAuth.currentUser
    if (user!= null) {
        // 로그인됐을 때 발생하는 이벤트

    } else {
        // 로그아웃 또는 로그인이 안 됐을 때 발생하는 이벤트

    }
}
```

인터페이스 장착

어감이 이상하기는 하지만 가장 직관적으로 알아들을 수 있는 단어인 것 같아서 인터페이스 장착이라고 했다. 인터페이스는 사람의 감각기관과 비슷하다. AuthStateListener는 일종의 로그인을 체크하는 감각기관이라 할 수 있는데, 이것은 Activity라는 대상에 붙여야 제대로 로그인 처리를 진행할 수 있다. 즉 AuthStateListener는 로그인 상태를 확인하는 눈과 귀라고 생각하면 이해하기 쉬우며 Activity는 사람이라고 생각하면 된다. 사람(Activity)이 눈 또는 귀(AuthStateListener)로 로그인된 상태를 확인하자마자 그 다음 페이지를 띄워주는 액션을 취하는 것이다.

구글의 공식 문서에는 onStart와 onStop에 리스너를 붙이고 제거하라고 나와있지만 onStop을 사용할 경우 제대로 제거되지 않아서 버그가 발생하는 경우를 많이 봐왔다. 그렇기 때문에 리스너를 붙일 때 onStart로 제거하는 부분은 onPause에 넣어주는 것을 추천한다.

〔입력 양식〕

```
override fun onStart() {
    super.onStart()
    auth?.addAuthStateListener(authListener!!)
}
```

```
override fun onPause() {
    super.onPause()
    auth?.removeAuthStateListener(authListener!!)
}
```

〔사용 예제〕

```
class MainActivity : AppCompatActivity() {
    var auth: FirebaseAuth? = null
    var authListener: FirebaseAuth.AuthStateListener? = null
    override fun onCreate(savedInstanceState: Bundle?) {
        super.onCreate(savedInstanceState)
        setContentView(R.layout.activity_main)
        auth = FirebaseAuth.getInstance()
        authListener = FirebaseAuth.AuthStateListener
{FirebaseAuth ->
            val user = FirebaseAuth.currentUser
            if (user != null) {
                // 로그인됐을 때 발생하는 이벤트

            } else {
                // 로그아웃 또는 로그인이 안 됐을 때 발생하는 이벤트

            }
        }

    }
    ....
    override fun onStart() {
        super.onStart()
        auth?.addAuthStateListener(authListener!!)
    }
    override fun onPause() {
        super.onPause()
        auth?.removeAuthStateListener(authListener!!)
    }
}
```

구글 로그인

구글 아이디로 소셜 로그인하는 기능으로 안드로이드폰에서 가장 많이 쓰이는 기능이다. 또한 기능 구현이 굉장히 간편하며 이메일, 비밀번호, 아이디 찾기 기능을 구현하지 않아도 되기 때문에 금방 적용할 수 있다. 구글 로그인을 먼저 적용하기 위해서는 compile 'com.google.android.gms:play-services-auth:XX.X.X' 라이브러리를 설치해야 한다.

1. 라이브러리 설치

Build.gradle(Moudle:app)의 Dependencies

```
implementation 'com.google.android.gms:play-services-auth:XX.X.X'
```

XX.X.X에 현재 안정적인 버전인 12.0.1을 입력하고 코드를 추가한 후에 Sync Now를 클릭한다.

implementation 'com.google.android.gms:play-services-auth:12.0.1'를 입력한 후 Sync Now를 클릭해주자.

종종 Build.gradle(Module:app) Dependencies를 추가할 경우 complie 'com.google.android.gms:play-services-auth:XX.X.X'를 입력하는 방법과 implementation 'com.google.android.gms:play-services-auth:XX.X.X'를 입력하는 방법이 있을 것이다. 사실 complie과 implementation은 같은 뜻이므로 혼용해서 사용해도 무리 없다. 하지만 안드로이드 스튜디오는 implementation를 사용하는 것을 권하니 implementation를 사용하도록 하자.

2. SHA1 키 추가하기

만약 안드로이드와 Firebase를 연결할 때 Assistant를 쓰지 않고 직접 Gradle 방식으로 연결했다면 SHA1 키를 넣어주어야 구글 로그인을 진행할 수 있다.

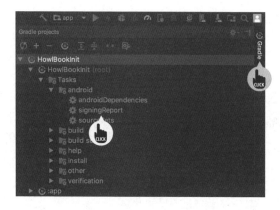

Tasks 〉 android 〉 SigningReport를 클릭하면 다음과 같이 SHA1 키가 발급되는 것을 확인할 수가 있다.

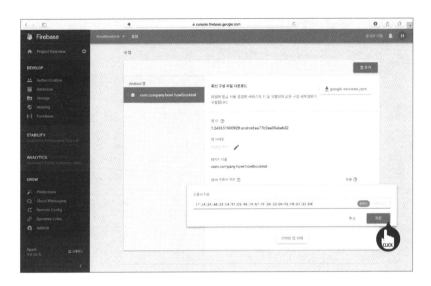

발급된 키를 Firebase 콘솔로 옮긴 후에 SHA 인증서 지문을 추가해주자.

SHA 인증서 지문에 SHA-1가 추가된 것을 볼 수가 있다.

3. 구글 로그인 클래스 만들기

```kotlin
class MainActivity : AppCompatActivity() {
    var auth: FirebaseAuth? = null
    var authListener: FirebaseAuth.AuthStateListener? = null
    var googleSignInClient: GoogleSignInClient? = null
    override fun onCreate(savedInstanceState: Bundle?) {
        super.onCreate(savedInstanceState)
        setContentView(R.layout.activity_main)
        // Configure Google Sign In
        var gso = GoogleSignInOptions.Builder(GoogleSignInOptions.DEFAULT_SIGN_IN)
                .requestIdToken(getString(R.string.default_web_client_id))
                .requestEmail()
                .build()¹

        googleSignInClient = GoogleSignIn.getClient(this, gso)²

    }
}
```

1. GoogleSignIn 옵션을 관리해주는 클래스이다. API 키값과 요청할 값이 저장되어 있다.
2. GoogleSignInClient는 구글 로그인을 관리하는 클래스이다.

4. 구글 로그인 실행 이벤트 코드

```kotlin
fun signIn() {
    val signInIntent = googleSignInClient?.signInIntent
    startActivityForResult(signInIntent, 100) //request 100 입력
}
```

구글 로그인을 실행하는 이벤트 코드이다.

5. 구글 로그인 결과 받는 코드

구글 로그인이 성공했으면 구글에서는 토큰을 넘겨준다. 토큰에는 유저 아이디와 이름이 암호화(JsonWebToken)되어 있다. 그 토큰을 Firebase 서버로 넘겨줘 Firebase는 유저의 대한 계정을 만들게 된다.

필자가 처음에 Firebase를 공부했을 때 구글에서 서비스하는 기능이라 구글 로그인만 성공하면 자동적으로 Firebase에 로그인 계정 정보가 넘어가는 줄 알았다. 명확히 말해두

지만 Firebase와 구글 로그인은 엄연히 다른 기능이며 Firebase는 유저 정보를 관리하는 통합 서버이고 구글 로그인은 소셜 로그인의 한 부분이다. 즉 구글 로그인에 성공했으면 성공했다는 Credential을 Firebase에 넘겨줘야 Firebase는 이 사람이 구글에게 인증받은 사람임을 정확히 인식할 수 있다.

```kotlin
public override fun onActivityResult(requestCode: Int, resultCode: Int, data: Intent) {
    super.onActivityResult(requestCode, resultCode, data)

    if (requestCode == 100) { // requestCode : 100을 입력해준다.
        val result = Auth.GoogleSignInApi.getSignInResultFromIntent(data)
        if (result.isSuccess) {
            // 구글 로그인이 성공했을 경우
            val account = result.signInAccount
            val credential = GoogleAuthProvider.getCredential(account?.idToken, null)¹
            FirebaseAuth.getInstance().signInWithCredential(credential)²
        }
    }
}
```

1. 로그인이 성공했을 경우 IdToken을 넘겨주는데 그것을 이용해서 Credential 인증서를 만들어준다.
2. Credential을 Firebase에 넘겨주면 Firebase에 구글 로그인 계정이 만들어진다.

6. 구글 콘솔 설정

안드로이드의 구글 로그인 설정이 끝났으면 Firebase Console로 이동한 후에 Google 로그인 사용 설정을 해줘야 한다.

Authentication 〉로그인 방법 〉Google로 이동하고 사용 설정을 선택한 후에 저장을 클릭해주자.

페이스북 로그인

페이스북 아이디로 소셜 로그인하는 기능을 말하며 현재 가장 많이 쓰이는 소셜 로그인 기능이다. 그 이유는 아이폰과 안드로이드폰 사용자 모두 손쉽게 가입할 수 있는 장점이 있기 때문이다.

일단 페이스북 로그인을 연동하기 위해서는 페이스북 개발자 사이트(https://developers.facebook.com)로 이동해서 프로젝트를 만들어야 한다.

페이스북 개발자 사이트로 이동한 다음에 아이디를 로그인한 후 프로젝트를 만들어준다.

로그인 후 내 앱에서 새 앱 추가로 이동한 후에 페이스북 로그인에 사용할 프로젝트를 만들어주자.

HowlBookInit으로 페이스북 프로젝트를 만들고 앱 ID 만들기를 클릭하자.

보안 확인 창에 인증 코드를 입력하고 제출한다.

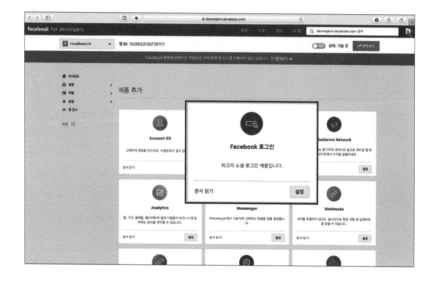

인증 코드를 입력하면 현재 화면의 페이지가 나타날 것이다. 메인 페이지에 있는 Facebook 로그인을 클릭하자.

1. 페이스북 프로젝트 1단계

안드로이드로 이동하면 화면 페이지가 나오게 되는데 따로 Facebook SDK를 받을 필요가
없으니 다음 페이지로 넘어가자.

2. 페이스북 프로젝트 2단계

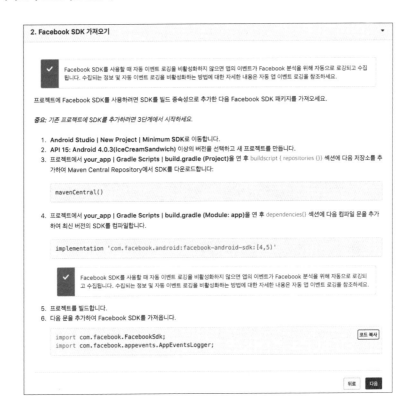

2단계에서는 1단계에서 SDK를 받지 않았던 부분을 Gradle를 통해서 불러오는 것을 말한다. mavenCetral()값과 implementation "com.facebook.android:facebook-android-sdk:[4,5]"를 입력하도록 나와 있다. mavenCentral를 입력해보자.

Buidle.Gradle(Project : HowlBookInit)로 이동한 다음에 buildscript - repositories 에 mavenCentral()를 입력해주면 된다.

다음으로 Implementation "com.facebook.android:facebook-android-sdk:[4,5]"를 입력한다.

facebook-android-sdk 같은 경우 build.gradle(Moudle:app)으로 이동한 후 dependencies 에 implemnetation값을 넣어주면 된다.

3. 페이스북 프로젝트 3단계

페이스북 로그인을 사용하기 위해서는 프로젝트 이름을 넣어주어야 한다. "패키지 이름"은 프로젝트 네임 AndoridManafest에 있으니 참고해서 가져다 쓰자.

두 번째로는 "액티비티 클래스 이름" 부분이 있는데 이 부분은 페이스북 로그인이 작동하는 Activity를 넣어주면 된다. 보통은 LoginActivity을 만들고 진행할 때 MainActivity 대신 LoginActivity를 입력하지만 이번 내용에서는 간단히 MainActivity에서 입력하고 진행해주자.

안드로이드 앱이 PlayStore에 등록되지 않고 프로젝트를 진행하면 이런 에러가 발생한다. 하지만 이 경고 창이 나타난다고 해서 페이스북 로그인이 작동되지 않는 것은 아니니 무시하고 "이 패키지 이름 사용"을 클릭한 후 아래 하단의 '계속' 버튼을 눌러서 다음 프로세스로 넘어가자.

4. 페이스북 프로젝트 4단계

4. 개발 및 릴리스 키 해시 추가

앱과 Facebook 간 상호작용하는지 확인하려면 개발 환경에 대한 Android 키 해시를 Facebook에 제공해야 합니다. 앱이 이미 게시된 경우 릴리스 키 해시도 추가해야 합니다.

개발 키 해시 생성
각 Android 개발 환경에 고유한 개발 키 해시가 생성됩니다.

Mac OS
개발 키 해시를 생성하려면 터미널 창을 열고 다음 명령을 실행하세요.

코드 복사
```
keytool -exportcert -alias androiddebugkey -keystore ~/.android/debug.keystore | openssl sha1 -binary | openssl bas
e64
```

Windows
다음 항목이 필요합니다.
- Java Development Kit의 키 및 인증 관리 도구(keytool)
- Google Code Archive의 Windows용 openssl-for-windows openssl 라이브러리

개발 키 해시를 생성하려면 Java SDK 폴더의 명령 프롬프트에서 다음 명령을 실행하세요.

코드 복사
```
keytool -exportcert -alias androiddebugkey -keystore "C:\Users\USERNAME\.android\debug.keystore" | "PATH_TO_OPENSSL
_LIBRARY\bin\openssl" sha1 -binary | "PATH_TO_OPENSSL_LIBRARY\bin\openssl" base64
```

이 명령으로 개발 환경에 고유한 28자 키 해시가 생성됩니다. 키 해시를 복사하여 아래 필드에 붙여넣으세요. 앱을 사용하는 각 사용자의 개발 환경에 대한 개발 키 해시를 제공해야 합니다.

릴리스 키 해시 생성
Android 앱은 릴리스 키로 디지털 서명한 후에 스토어에 업로드할 수 있습니다. 릴리스 키의 해시를 생성하려면 Mac 또는 Windows에서 다음 명령을 실행하여 릴리스 키 별칭과 키 저장소의 경로를 대체합니다.

코드 복사
```
keytool -exportcert -alias YOUR_RELEASE_KEY_ALIAS -keystore YOUR_RELEASE_KEY_PATH | openssl sha1 -binary | openssl
base64
```

이 명령으로 생성된 28자 문자열을 복사하여 아래 필드에 붙여넣으세요. 앱 서명에 대한 Android 문서도 참조하세요.

키 해시

예: nm0bIrXpAM3cUsheU

Save

뒤로   계속

안드로이드 앱이 페이스북 개발자 사이트에 등록되기 위해서는 앱에 대한 해시 값(인증서)이 있어야 한다. 패키지 이름만으로는 페이스북 개발자 사이트에 등록이 되지 않는다. 왜냐하면 중복된 패키지 이름의 앱이 등록될 수 있기 때문이다. 즉 이 앱에 인증서 SHA1 키를 해시(암호화)시켜서 등록하면 페이스북은 손쉽게 이 앱을 누가 만들었는지 알 수가 있다.

① 맥OS 등록 방법

당신이 매킨토시 컴퓨터를 사용하고 있을 경우 아래 방법으로 해시 키를 추가하면 된다.

개발 및 릴리즈 키 해시 추가에 나와 있는 것처럼 맥OS용 Keytool 코드인 "keytool –exportcert
-alias androiddebugkey -keystore ~/.android/debug.keystore | openssl sha1 -binary
| openssl base64"를 입력해주면 된다.

② 윈도우 등록 방법

당신이 윈도우 컴퓨터를 사용하고 있을 경우 ① 맥OS 등록 방법을 무시하고 이 방법을 사용
해주자.

일단 윈도우는 환경 변수를 설정해줘야 한다. 알아서 keytool를 찾지 못하므로 직접 경로를
찾아서 넣어주어야 하며 또한 ssl도 설치를 해주어야 한다.

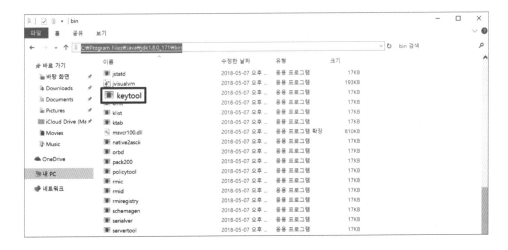

jdk를 설치한 후에 폴더로 이동하자. 각자 설치한 버전마다 폴더 이름이 다를 것이니 직접 들어가서 살펴보자.

시작 버튼을 눌러 시스템으로 이동하자.

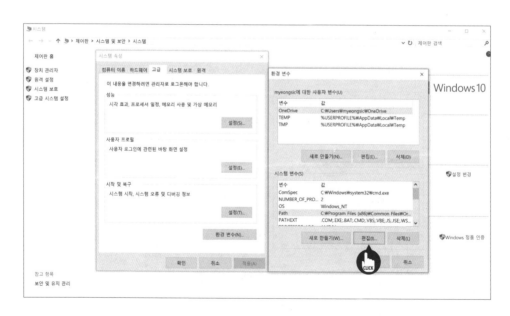

고급 시스템 설정 〉 환경변수 〉 편집으로 이동하자.

추출한 jdk 폴더 경로를 입력해주자.

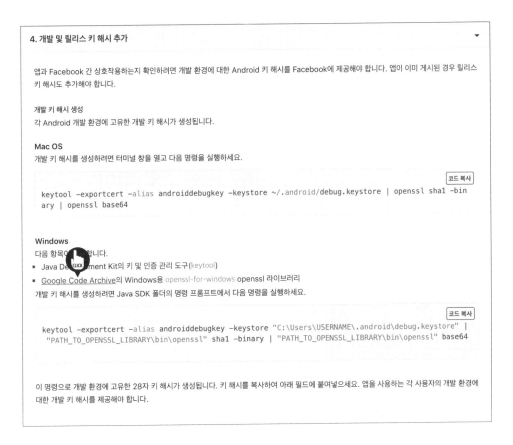

페이스북 개발자 사이트에서 Google Code Archive로 이동하자.

openssl-0.9.8k_x64.zip를 다운로드하자.

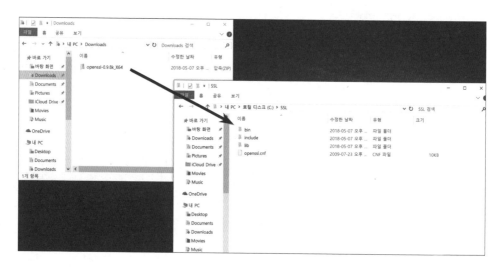

C:\SSL 폴더를 만든 후에 압축을 풀자.

```
keytool -exportcert -alias androiddebugkey -keystore
"C:\Users\USERNAME\.android\debug.keystore" |
"PATH_TO_OPENSSL_LIBRARY\bin\openssl" sha1 -binary |
"PATH_TO_OPENSSL_LIBRARY\bin\openssl" base64
```

여기 있는 USERNAME값과 PATH_TO_OPENSSL_LIBRARY 값을 직접 수정한 후에 코드를 입력하면 된다.

```
keytool -exportcert -alias androiddebugkey -keystore
"C:\Users\myeongsic\.android\debug.keystore" | "C:\SSL\bin\openssl" sha1 -binary |
"C:\SSL\bin\openssl" base64
```

필자의 윈도우 계정 폴더 이름은 myeongsic이며 SSL 파일을 C:\SSL에 풀었으니 경로를 위와 같이 수정했다.

일단 필자는 맥의 키 해시 값을 넣어주고 Save 〉 계속을 클릭해줘서 다음 프로세서로 넘어가도록 하겠다. 아마 독자들은 윈도우 환경이 대부분일 테니 윈도우에서 발급한 키 해시값을 받고 진행하길 바란다.

5. 페이스북 프로젝트 5단계

SSO(Single Sign On)은 한 번의 인증 과정으로 스마트폰에 여러 자원을 이용 가능하게 하는 인증 기능이다. 싱글 사인 온, 단일 계정 로그인, 단일 인증이라고 말하며 페이스북에 로그인한 상태이면 싱글 사인 온을 통해 다른 모바일 어플리케이션에 쉽게 로그인할 수 있다.

이 기능을 활성화시켜주고 Save를 클릭하자. 물론 스마트폰의 보안을 위해서 SSO를 사용하고 싶지 않을 경우 허가해주지 않아도 된다. 물론 허가를 해주지 않는다고 해서 페이스북 로그인 기능이 작동하지 않는 것은 아니다.

6. 페이스북 프로젝트 6단계

이번에는 Facebook API Key를 안드로이드 앱에 저장해야 된다. 키 해쉬(인증서) 등록이 되었다고 해서 바로 페이스북 로그인이 성공하는 것은 아니다. 물론 키 해쉬값이 중복될 수 있는 경우 때문에 로그인을 요청할 때 페이스북에서 발급한 API를 담아서 요청을 해야 된다.

7. App Id 및 Schema 세팅

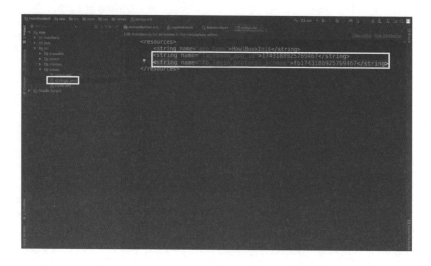

res 〉 values 〉 strings.xml로 이동해서 Facebook App Id 및 protocol_schema를 설정
해주자.

8. Internet 권한 부여

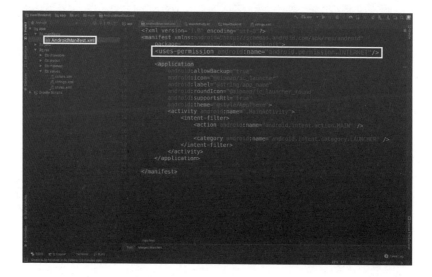

페이스북에 접근하기 위해서는 인터넷 권한을 부여해줘야 한다. AndoridManifest.xml의 manifest 안에 uses-permission의 Internet 코드를 입력해주면 된다.

9. FacebookActivity 및 CustomTabActivity 코드 추가

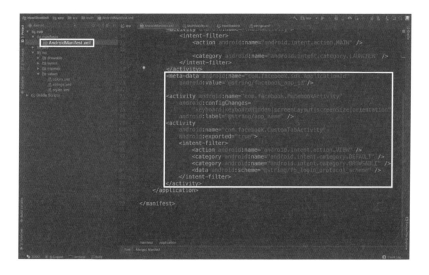

FacebookActivity와 CustomTabActivity는 페이스북 로그인 버튼을 클릭할 경우 로그인할 수 있는 액티비티를 띄워줄 수 있도록 허가해주는 코드이다. AndoridManifest.xml로 이동하여 Application 안에 Meta Data, Activity 코드를 넣어주면 된다.

10. Firebase 페이스북 연동

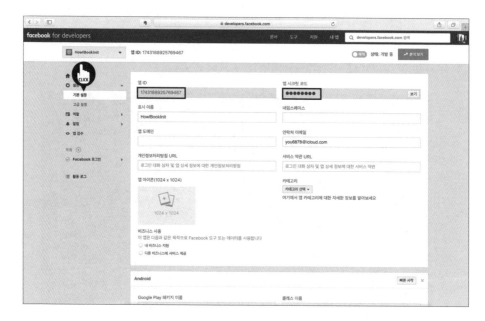

앱 ID와 앱 시크릿 코드를 복사한다.

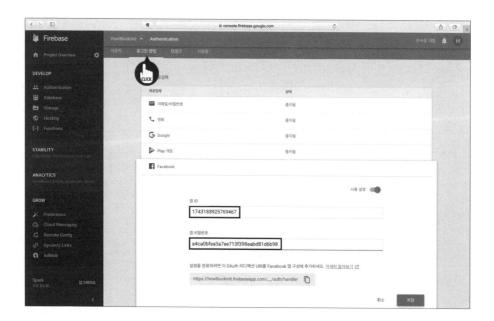

페이스북의 앱 ID는 Firebase의 앱 ID에 페이스북의 시크릿 코드는 Firebase의 앱 비밀번호에 넣어주자.

그 다음으로 네모박스를 클릭해서 https://howlbookinit.firebaseapp.com/__/auth/handler 값을 복사하자.

https://howlbookinit.firebaseapp.com/__/auth/handlerrk값을 유효한 Oauth 리디렉션 URI에 넣어주자.

```
fun facebookLogin() {
    LoginManager.getInstance().logInWithReadPermissions(this, Arrays.asList("public_
profile", "email"))
    LoginManager.getInstance().registerCallback(callbackManager, object
:FacebookCallback<LoginResult> {
        override fun onSuccess(loginResult: LoginResult) {
            handleFacebookAccessToken(loginResult.accessToken) ///페이스북 로그인 성공
        }

        override fun onCancel() {
            ///페이스북 로그인 취소
        }

        override fun onError(error: FacebookException) {
            ///페이스북 로그인 실패
        }
    })
}
```

상단의 코드는 페이스북 로그인이 성공했을 때 발생하는 이벤트 코드이다.

```
class MainActivity : AppCompatActivity() {
    var callbackManager : CallbackManager? = null
    …
    override fun onActivityResult(requestCode: Int, resultCode: Int, data: Intent) {
        super.onActivityResult(requestCode, resultCode, data)
        callbackManager?.onActivityResult(requestCode, resultCode, data)
    }
}
```

MainActivityL.kt의 onActivityResult 안에 callbackManager에 로그인 결과값을 넘겨주자. 여기에 "callbackManager?.onActivityResult(requestCode, resultCode, data)"가 있어야 위에 있는 FacebookCallback〈LoginResult〉 인터페이스의 onSuccess를 호출할 수가 있다.

Firebase로 안드로이드 SNS 앱 만들기 | 2장 안드로이드 스튜디오 시작하기

트위터 로그인

트위터 계정과 연동하기 위해 https://apps.twitter.com에 접속하면 트위터 개발자 사이트로 이동하게 된다.

이동을 하게 되면 Twitter Apps라고 뜨는 것을 볼 수가 있다.

Create New App을 클릭한 후에 트위터에 로그인하기 위해서 사용할 앱을 생성해주자.

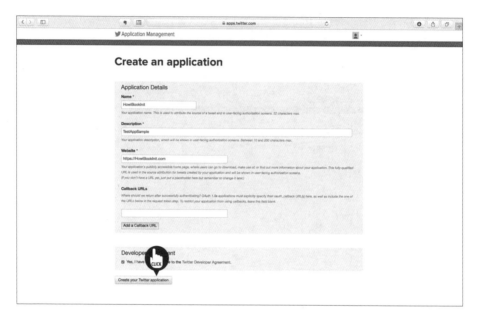

입력하는 방법은, Name, Description, Website값을 넣어주고 Callback Urls값을 비워준 상태에서 Create your Twiiter application을 클릭해주면 된다.

명칭	기능
Name	로그인 시 사용할 앱 이름
Description	설명을 담당하는 부분으로 앱의 소개 내용을 10자 이상 입력해주면 된다.
Website	현재 앱과 관련된 웹사이트를 입력하는 부분이다. 필수로 입력하는 부분으로 나와있지만 홈페이지가 없을 경우 임의로 값을 넣어줘도 된다.
Callback Urls	이 부분은 Redirection 값을 넣어주는 부분이다. 뒤의 페이지에 Firebase의 Redirection 값을 넣어줄 예정이다.

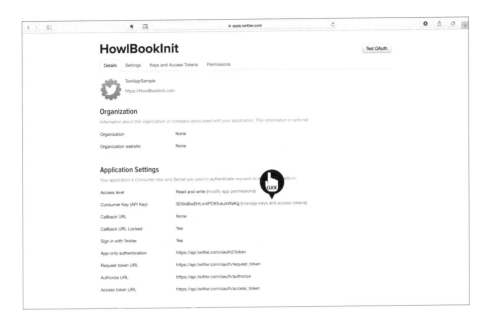

API Key, Secret Key 값을 받기 위해 manage keys and access tokens을 클릭해주자.

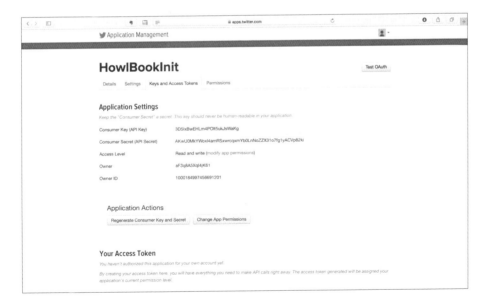

여기서 Consumer Key와 Consumer Secret를 따로 메모장에 복사하자.

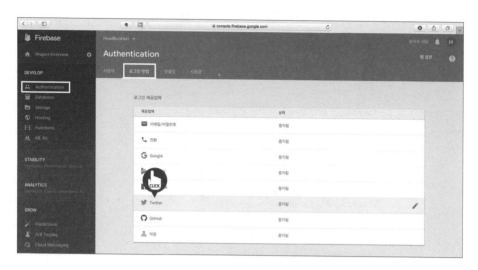

Firebase 홈페이지에 접속한 다음 트위터 설정 화면으로 이동한다.

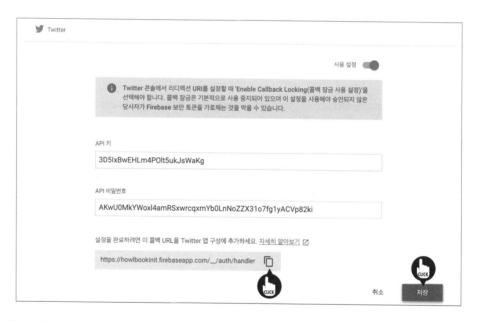

방금 전에 트위터 홈페이지에서 복사했던 Customer Key값은 API 키에, Customer Secret값은 API 비밀번호에 넣은 다음 아래 콜백 URL을 복사한 후에 저장을 클릭하고 진행하자.

HowlBookInit

Test OAuth

Details   **Settings**   Keys and Access Tokens   Permissions

Application Details

Name *

HowlBookInit

Your application name. This is used to attribute the source of a tweet and in user-facing authorization screens. 32 characters max.

Description *

TestAppSample

Your application description, which will be shown in user-facing authorization screens. Between 10 and 200 characters max.

Website *

https://HowlBookInit.com

Your application's publicly accessible home page, where users can go to download, make use of, or find out more information about your application. This fully-qualified URL is used in the source attribution for tweets created by your application and will be shown in user-facing authorization screens.
(If you don't have a URL yet, just put a placeholder here but remember to change it later.)

Callback URLs

Where should we return after successfully authenticating? OAuth 1.0a applications must explicitly specify their oauth_callback URL(s) here, as well as include the one of the URLs below in the request token step. To restrict your application from using callbacks, leave this field blank.

https://howlbookinit.firebaseapp.com/__/auth/handler

Add a Callback URL

Privacy Policy URL

https://HowlBookInit.com

The URL for your application or service's privacy policy. The URL will be shared with users authorizing this application.

Terms of Service URL

https://HowlBookInit.com

The URL for your application or service's terms of service. The URL will be shared with users authorizing this application.

☐ Enable Callback Locking (It is recommended to enable callback locking to ensure apps cannot overwrite the callback url)
☑ Allow this application to be used to Sign in with Twitter

Application Icon

Change icon
파일 선택   선택한 파일 없음
Maximum size of 700k. JPG, GIF, PNG.

Organization

Organization name

The organization or company behind this application, if any.

Organization website

The organization or company behind this application's web page, if any.

CLICK

Update Settings

Settings 페이지로 이동한 후에 방금 전에 Firebase에서 복사한 Callback Url값을 트위터 페이지의 Callback Urls에 넣어준다. 그리고 Privacy police(개인 정보 정책) URL에는 개인정보 정책이 담긴 페이지 URL값을, Terms of Service(이용 약관) URL값에는 이용 약관이 담긴 페이지 URL값을 넣어주어야 바로 다음 이미지의 Additional Permissions 안에 있는 Request email address from users값을 설정할 수 있다. 하지만 만약 홈페이지가 아직 제작 중이라면 임의의 값을 넣어주어도 된다.

그리고 여기서 가장 중요한 점으로 Enable Callback Locking 체크를 해제해줘야 한다. 체크를 하지 않을 경우 트위터 앱을 통해서 로그인을 시도하게 되며 만약 스마트폰에 트위터 앱이 설치되어 있지 않을 경우 로그인 자체가 실행되지 않기 때문에 체크를 해제해서 WebView로 로그인이 진행될 수 있도록 설정해주자.

Request email address from users를 체크해준 다음에 UpdateSettings를 클릭해주자.

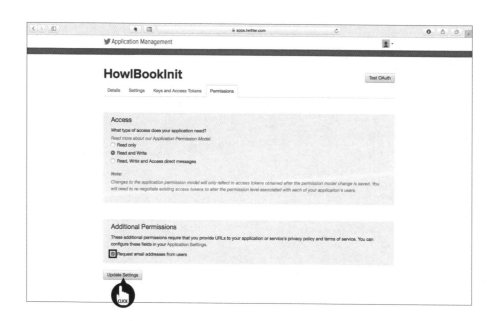

1. 라이브러리 설정

```
dependencies {
    ...
    implementation 'com.twitter.sdk.android:twitter:3.1.1'
}
```

2. Twitter API Key 설정

```
<resources>
    <string name="app_name">HowlBookInit</string>
    ...
    <string
name="com.twitter.sdk.android.CONSUMER_KEY">3D5IxBwEHLm4POlt5ukJsWaKg</string>
    <string
name="com.twitter.sdk.android.CONSUMER_SECRET">AKwU0MkYWox14amRSxwrcqxmYb0LnNoZZX31o7f
g1yACVp82ki</string>
</resources>
```

3. Twitter 시작하기

```
class MainActivity : AppCompatActivity() {

    var twitterAuthClient: TwitterAuthClient? = null
    override fun onCreate(savedInstanceState: Bundle?) {
        super.onCreate(savedInstanceState)
        Twitter.initialize(this)
        setContentView(R.layout.activity_main)
        twitterAuthClient = TwitterAuthClient()

    }
}
```

트위터를 시작하기 위해서는 간단히 Twitter.initialize(this)값만 넣어주게 되면 정상적으로 세팅이 완료된다. 그럼 API 키 값과 Secret Key값 세팅은 어떻게 해주는지 궁금할 것이다. 다행히도 Res/values/strings.xml의 com.twitter.sdk.android.CONSUMER_KEY, com. twitter.sdk.android.CONSUMER_SECRET의 name의 Value값만 오타 없이 입력하면 따로 API Key를 세팅해주는 코드를 넣어줄 필요는 없다.

4. 트위터 로그인

```
fun twitterLogin() {
    twitterAuthClient?.authorize(this, object : Callback<TwitterSession>() {
        override fun success(result: Result<TwitterSession>?) {

        }
        override fun failure(exception: TwitterException?) {

        }

    })
}
```

로그인을 실행하기 위해 간단히 twitterAuthClient?.authorize를 호출하면 로그인 페이지로 이동할 수가 있다.

5. 트위터 로그인 결과

```
class MainActivity : AppCompatActivity() {

    var twitterAuthClient: TwitterAuthClient? = null

    override fun onActivityResult(requestCode: Int, resultCode: Int, data: Intent?) {
        super.onActivityResult(requestCode, resultCode, data)
        twitterAuthClient?.onActivityResult(requestCode, resultCode, data)

    }
}
```

twitterAuthClient.onActivityResult 코드를 입력하면 WebView가 종료되었을 때 결과값이 twitterAuthClient으로 넘어가게 되면서 twitterAuthClient?.authorize의 Callback 인터페이스에서 인증이 성공했는지 실패했는지 확인할 수가 있다.

6. 트위터 로그인 화면

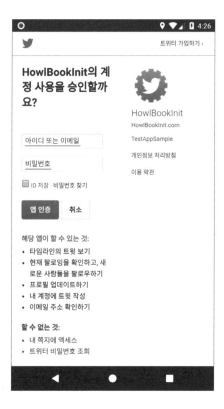

twitterLogin Fuctions을 실행하면 현재 Twitter WebView 페이지로 이동할 수가 있으며 아이디와 비밀번호를 입력하면 회원 가입이 되는 것을 확인할 수가 있다.

3

Firebase
데이터베이스

Firebase 데이터베이스란?

Firebase 데이터베이스는 다른 데이터베이스들과는 다른 방식으로 만들어져 있다. 보통 데이터베이스들은 Pull driven 방식의 매커니즘으로 작동된다. Pull Driven 방식이란 데이터베이스의 내용이 수정되어도 따로 앱에서 또는 Contoller가 데이터베이스를 읽어들이지 않는 이상 앱의 UI가 그려지지 않는 것을 말한다. 즉 앱의 화면을 그리는 주도권을 Contoller가 가지고 있는 것이다. 반대로 Push Driven 방식의 데이터베이스는 데이터베이스의 내용이 수정될 경우 UI가 갱신되는 것을 말한다. 즉 화면을 그리는 주도권이 데이터베이스에 있는 것이다.

Pull Driven Database

Push Driven Database

Push Drvien 방식은 요즘 RxAndroid와 RxSwift 등에서 많이 언급되기도 한다. 즉 시시각각 데이터가 변하는 모바일에서는 최적화된 데이터베이스 방식이며 이 방식을 사용하게 되면 코드를 몇 줄 입력하지 않았는데도 굉장히 반응성 좋은 앱을 만들 수가 있다.

Firebase 데이터베이스의 종류

Firebase 데이터베이스에는 두 가지가 있는데 RealtimeDatabase와 Firestore가 있다.

RealtimeDabase는 구형 데이터베이스이다. 사실 Push Driven을 위해서 만들어진 데이터베이스이다 보니 검색 쿼리가 생각보다 굉장히 빈약하다. 그래서 이것을 보완하기 위해서 Firestore라는 새로운 데이터베이스가 만들어졌다. 사실 RealtimeDatabase는 보완하는 것이 아닌 완전히 대체하는 개념이며 만약 현재 Firebase를 처음 배우는 독자라면 RealtimeDatabase를 건너뛰고 바로 Firestore를 배울 것을 권한다. 물론 RealtimeDatabase를 배웠어도 금방 Firestore를 배울 수 있을 정도로 비슷한 개념으로 만들어져 있으니 마찬가지로 배울 것을 권한다.

다시 본론으로 돌아와서 Firestore는 기존 RealtimeDatabase보다 쿼리, 보안, 색인 기능이 강력해지긴 했지만 상용 데이터베이스인 Oracle, MySQL, MongoDB보다는 쿼리가 약하다. 물론 조금은 복잡한 쿼리를 지원했으면 좋았을 것이라고 생각하지만 쿼리가 약한 듯해도 Push Driven으로 얻는 이점이 많다 보니 부족한 쿼리는 안드로이드 내부에서 처리해주도록 하자.

먼저 Gralde을 추가해보자.

```
implementation 'com.google.firebase:firebase-firestore:XX.X.X'
```

XX.X.X에 현재 안정적인 버전인 12.0.1을 입력하고 코드를 추가한 후에 Sync Now를 클릭한다.

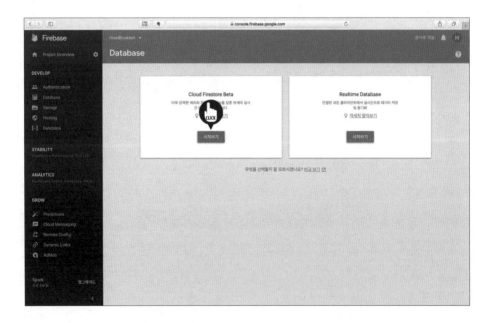

Firestore를 시작하려면 https://console.firebase.google.com에 접속한 후 우리가 앞서 만든 HowlBookInit 프로젝트로 이동하자.

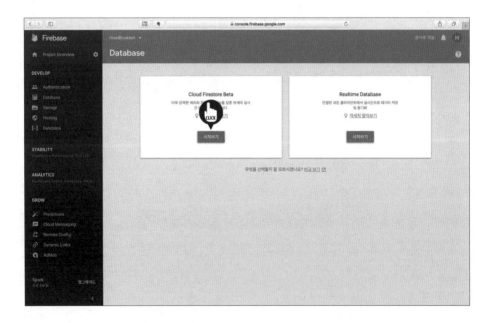

이동한 후 Database에 Cloud Firestore Beta의 시작하기 버튼을 클릭하자. 아직 Beta 버전이라 조금은 불완전하긴 하지만 Realtime Database보다는 성능이 뛰어나니 이것을 사용해주도록 하자.

Cloud Firestore 보안 규칙에는 두 가지가 있는데 잠금 모드로 시작할 경우 쓰기가 거부된다. 테스트 모드로 시작하면 데이터베이스 주소를 알고 있거나 인증되지 않은 사용자도 사용할 수가 있다.

잠금 모드로 시작하기 되면 아예 쓰기가 거부된다. 쓰지 못하는 데이터베이스를 만드는 이 메뉴는 필요 없다. 베타버전이라 만든 듯하다. 이 부분을 무시하자.

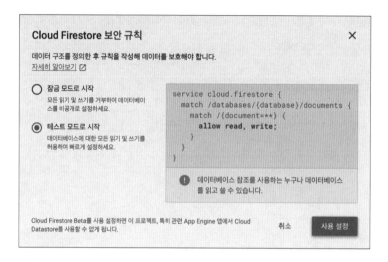

두 번째는 테스트 모드로 시작이라는 부분이며 아직 베타 버전이다 보니 오타가 있는 것 같다. "if true"라는 부분이 있어야 인증되지 않는 사용자를 포함해 누구나 데이터베이스를 사용할 수 있도록 설정할 수 있다. 그 다음으로 가장 기본적인 코드 값은 인증된 사용자 즉 Firebase의 Authentication 사용자만 사용할 수 있도록 보안을 설정해주기 위해서는 "if request.auth.uid != null;" 코드를 입력해주면 된다.

```
service cloud.firestore {
  match /databases/{database}/documents {
    match /{document=**} {
      allow read, write: if request.auth.uid != null;
    }
  }
}
```

이 코드가 데이터베이스 규칙을 설정하는 가장 기본적인 방법이다.

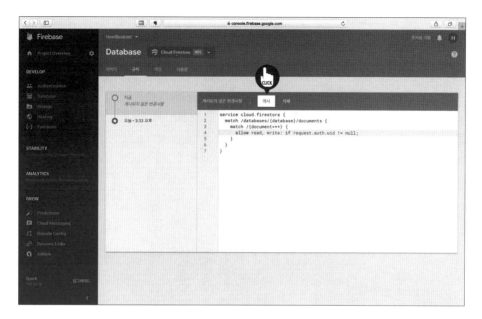

입력 방법은 Firebase 콘솔에서 Database의 Clould Firebase 규칙으로 이동한 후에 ": if request.auth.uid != null; 코드를 입력하고 게시해주면 된다.

Firestore 사용하기

일단 데이터베이스에는 CRUD라는 개념이 있다. Create, Read, Update, Delete의 약자로 쓰기, 읽기, 수정하기, 삭제하기를 말한다. 이번 내용에서는 어떻게 Firestore로 CRUD를 할 수 있는지 살펴보도록 하자.

NoSQL 데이터베이스의 기본 구조

Firestore의 구조는 크게 세 가지로 나눌 수가 있다. 기본적인 데이터베이스의 가장 기초적인 구성 요소인 Data가 있고 Data가 모여서 하나의 문서 즉 Document를 구성하며 Document가 모여서 하나의 Collection을 구성한다.

만약 유저 정보를 가지고 있는 데이터베이스를 예로 들 경우 유저 정보의 한 조각인 이메일이나 가입일, 최종 접속일 등을 하나의 Data로 볼 수 있다. 한 명의 유저에 대한 모든 정보는 Document라고 생각하면 이해하기 쉬우며 그 유저 정보의 대한 모든 집합이 Collection이라고 생각하면 된다.

Firestore 선언하기

Firestore를 선언하기 위해서는 "Firestore.getInstance()"를 입력하면 된다.

```
var firestore  : FirebaseFirestore? = null
override fun onCreate(savedInstanceState: Bundle?) {
...
firestore = FirebaseFirestore.getInstance()
...
}
```

데이터베이스 입력하기(Create)

데이터를 입력하는 방식에는 두 가지가 있다. NoSQL 데이터베이스는 Document 구조의 데이터베이스로 Primarykey 중복 생성이 발생되지 않는 구조이기 때문에 처음부터 중복 입력에 대한 보호막이 존재하지 않는다. 그렇기 때문에 좋아요, 인구수, 투표수 같은 다중 클라이언트로부터 들어오는 정보를 한 곳에 모아서 카운터를 할 때 중복 입력이 발생될 수밖에 없는 구조이다.

그래서 편의에 따라 간단한 데이터는 Set으로 데이터를 입력해주면 되며 만약 다중 클라이언트로부터 들어오는 정보를 한 곳에 모아서 카운터할 경우 runTransaction을 사용하면 된다.

입력 방식	사용 목적
Set	기본적인 데이터 입력
runTransactions	여러 클라이언트의 데이터 중복 접근 방지

데이터베이스를 입력하기 위해서는 일단 첫 번째로 Collection 이름을 넣어줘야 한다. 즉 관계형 데이터베이스로 비교하자면 테이블 이름을 넣어준다고 생각하면 된다. 두 번째로는 Document 이름을 입력해주면 되는데 이 이름은 관계형 데이터베이스에서 Primary key라고 생각하면 된다. Document 이름을 생성하는 방식에는 두 가지가 있는데 직접 Document에 이름을 넣는 방법과 자동으로 생성하는 방법이 있다.

Document 이름을 직접 넣는 방식

```
collection(Collection 이름).document(Document 이름).set(입력할 데이터)
.addOnCompleteListener{
task ->
}
```

Collection의 소괄호 안에 Collection 이름을 넣고 Document에 이름을 넣은 뒤 입력할 데이터 클래스나 Json 값을 set으로 넣고 코드를 실행하게 되면 데이터베이스 입력하기가 작동되는 것을 확인할 수가 있다.

그리고 정상적으로 결과 값이 입력되었는지 확인하기 위해서는 addOnCompleteListener를 넣어주면 된다. 물론 간략한 코드를 원하거나 결과값을 확인할 필요가 없다면 addOnCompleteListener를 생략해도 상관없다.

먼저 데이터를 입력하기 전에 데이터 모델을 선언한다.

〔데이터 모델 선언〕

먼저 UserDTO라는 것을 만들어주고 안에다가 name과 address를 받을 수 있는 변수를
추가해주자.

```
data class UserDTO(var name: String? = null, var address: String? = null)
```

〔사용 예제〕

```
fun createData() {
    var userDTO = UserDTO("하울","송도")
        firestore?.collection("User")?.document("document1")?.set(userDTO).
addOnCompleteListener {
        task ->
        if(task.isSuccessful){
            //프로세스가 성공했을 경우 코드 입력
        }
    }
}
```

〔결과값〕

입력하면 Firestore에 이렇게 데이터가 입력된 것을 확인할 수가 있다.

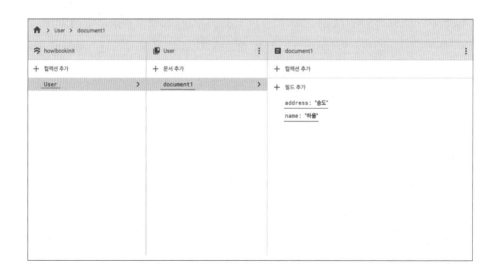

Document 이름을 임의적으로 생성하는 방식

임의로 Document를 생성하기 위해 Document에 아무런 값도 넣지 않을 경우 Document 아이디가 자동으로 생성된다. 그렇다고 해서 무작위로 Document 아이디가 생성되는 것은 아니며 일정한 규칙에 의해서 생성된다.

독자들 중에 관계형 데이터베이스를 사용해본 사람들은 왜 하나씩 증가되는 키를 사용하지 않고 무작위 키를 사용하는지 궁금할 것이다. 필자도 마찬가지로 왜 이유 없이 내용만 긴 키를 PrimaryKey 즉 Document 이름으로 만들었는지 이해할 수가 없었다. 오히려 저장할 데이터만 늘어나는게 아닌가 생각했었다. 간단히 예를 들어보자.

PrimaryKey	이름	주소	나이	성별		
1	하울	송도	30	남		
2	소피	성남	20	여		
3	캘시퍼	부산	100	남		
..		..	..	..	..	
..		..	..	..	..	
100,000,000	마르클	강릉	7	남		
100,000,001						

데이터베이스에는 1억 명의 가입된 Collection이 있다고 가정하고. 만약 한 사람이 가입을 할 경우 데이터베이스는 100,000,001이라는 PrimaryKey를 발급한 후 안에 데이터를 넣어주어야 한다. 물론 여기까지는 문제가 없는 것 같다.

하지만 100,000,001번째 행이라고 데이터베이스가 인식하기 위해서는 기존에 데이터가 몇 개가 있는지 다 읽어봐야 한다. 즉 1억 건의 데이터를 읽어봐야 새로 발급해야 할 PrimaryKey를 알 수가 있다. 체크하는 동안에는 데이터베이스에 잠깐 읽기 잠금을 걸게 된다. 몇 명이 사용하는 데이터베이스에서는 잠깐 읽기 잠금되는 건 크게 중요하지 않지만, 이용자가 많을 경우 이런 읽기 잠금은 데이터베이스 성능에 지대한 영향을 미치게 된다.

그래서 FireStore에서 무작위로 PrimaryKey를 생성해도 읽기 잠금 이벤트를 발생시키지 않는다. 무작위로 생성하다가 "키가 중복되면 어떡하지?"라고 의문을 가질 분들이 있을 것이다. 다행히 날짜 + 난수로 PrimaryKey 키가 생성하기 때문에 중복될 염려가 없다.

〔클래스 선언〕

간단히 무작위 키를 선언하기 위해 document() 입력만 해주면 자동적으로 Docment의 이름이 만들어지게 된다.

```
collection(Collection 이름).document().set(입력할 데이터) .addOnCompleteListener{
task ->
}
```

〔사용 예제〕

```
fun createData() {
    var userDTO = UserDTO("성남","소피")
    firestore?.collection("User")?.document()?.set(userDTO).addOnCompleteListener {
        task ->
        if(task.isSuccessful){
            //프로세스가 성공했을 경우 코드 입력
        }
    }
}
```

runTransaction 방식

이 방식 같은 경우 조금 다르게 진행이 되는데 일단 저장하고 싶은 경로를 클래스로 만든 뒤에 runTransaction을 호출하는 방식으로 되어 있다. 여기서 중요한 점은 한 사람이 Document 에 접근해서 데이터를 쓰는 동안 다른 사용자는 데이터베이스로 접근할 수가 없다.

다른 사용자가 데이터를 중복으로 쓰지 못하기 하기 위해서 많이 사용한다.

〔사용 예제〕

```
runTransaction {
transaction ->
    var result = transaction.get(데이터베이스 경로).toObejct(데이터모델)
    ...수정할 내용...
    transaction.set(데이터베이스 경로, result)
}

fun runTransaction() {
    var tsDoc = firebaseStore?.collection("User")?.document("document1")

    firebaseStore?.runTransaction { transaction ->
        val userDTO = transaction.get(tsDoc!!).toObject(UserDTO::class.java)
        userDTO?.name = "Howl"
        transaction.set(tsDoc, userDTO!!)
    }
}
```

간단히 User에 있는 Document1의 name값을 바꿔보자. 이 값이 입력되는 잠깐 동안 다른 클라이언트 사용자들은 데이터베이스를 읽고 쓸 수가 없다.

〔결과값〕

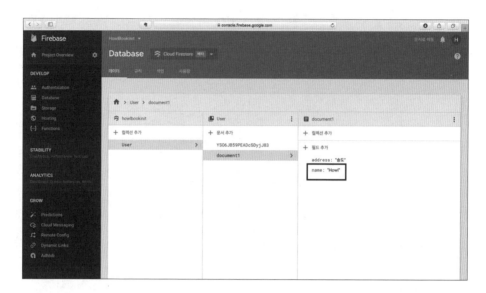

name 항목을 보면 Howl로 변환된 것을 볼 수가 있다.

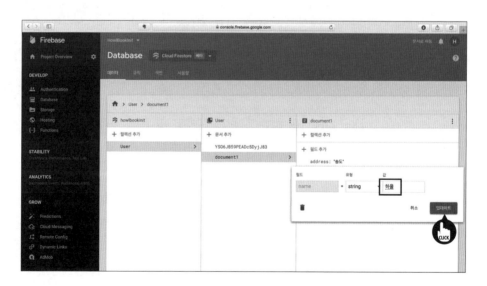

일단 뒤의 내용과 계속 연관해서 테스트하기 위해 Howl을 하울로 수정하고 진행하자.

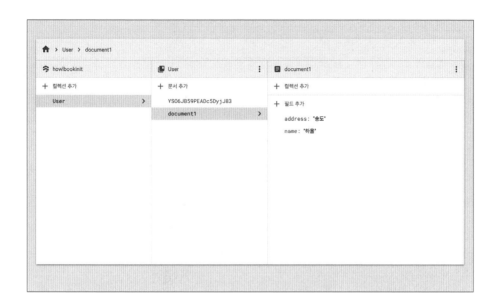

데이터베이스 읽어오기 (Read)

데이터베이스를 읽어오는 방식을 Read라고 한다. 앱을 만드는 데 있어서 Read 부분은 굉장히 중요하다. 데이터를 읽어오는 방식에는 두 가지가 있다. Controller가 자신이 원하는 타이밍에만 데이터베이스에 접근해서 데이터를 읽어오는 Pull Driven 방식과 데이터가 변경되는 순간 데이터를 받는 Push Driven 방식이 있다.

Pull Driven

Controller가 원하는 타이밍에 데이터를 읽어오는 방식이다. 보통 한 번만 데이터를 읽어올 때 많이 사용한다. Get().addonCompleteListener를 입력해주면 된다.

```
collection(Collection 이름).document(Document 이름).get().addOnCompleteListener{
task ->

}
```

또한 Push Driven, Pull Driven 읽기 방식 말고도 데이터베이스를 읽어오는 방법이 두 가지가 있는데 Document 이름을 그대로 입력하는 방식과 Document 이름을 모를 경우 Query를 날려서 검색하는 방식이 있다.

경로 방식 데이터 읽어오기

Document 이름으로 데이터를 읽어오기는 가장 기본적인 방식으로 Doucument ID만 알고 있으면 Document의 내용들을 읽어올 수가 있다. 이 방식은 데이터를 검색하기보다는 이미 데이터에 대해 정확한 Collection과 Document ID 경로를 알고 있을 때 많이 사용한다. 일단 간단히 Pull Driven으로 데이터를 읽어오자.

〔입력 양식〕

```
collection(Collection 이름).document(Document 이름).get().addOnCompleteListener{
task ->

}
```

데이터를 읽어오기 위해서는 정확한 경로를 입력해줘야 하는데 콜렉션 이름, Document 이름을 입력한 후 addSnapshotListener를 입력해서 Document를 읽어오면 된다. 물론 이 방법은 Document 이름을 알 경우만 가능한 방법이며 만약 Document 이름을 모르면 안에 있는 데이터로만 검색한다. 즉 쿼리를 이용해서 데이터를 가져와야 한다.

```
fun readData() {
    firestore?.collection("User")?.document("document1")?.get().addOnCompleteListener {
        task ->
        if(task.isSuccessful){
            var userDTO = task.result.toObject(UserDTO::class.java)
            println(userDTO.toString())
        }
    }
}
```

```
I/System.out: UserDTO(name=하울, address=송도)
```

코드를 실행하면 Firestore 데이터 값을 읽어오는 것을 확인할 수가 있다.

쿼리 방식 데이터 읽어오기

WhereTo Query로 데이터를 읽어오기 위해서는 일단 UserDTO 데이터 모델에 age를 추가해주고, 데이터베이스에 데이터를 세팅하고 시작하자.

```
data class UserDTO(var name: String? = null, var address: String? = null, var age:Int? = null)
```

데이터를 입력하자.

```
firestore?.collection("User")?.document()?.set(UserDTO("캘시퍼", "부산",5))
firestore?.collection("User")?.document()?.set(UserDTO("마르클", "대전",9))
firestore?.collection("User")?.document()?.set(UserDTO("마녀", "목포",70))
```

이 코드를 입력하게 되면 Firestore에 입력되는 것을 볼 수가 있다.

물론 DocumentID는 다를 것이다. DocumentID는 입력되는 시간에 따라 다르니 Document ID는 크게 신경 쓰지 말자.

검색 Query의 종류에는 총 5가지가 있다.

1. WhereEqualTo

쿼리에 입력된 값이 같을 때 데이터를 검색하는 기능을 말한다. 정확히 한 글자도 틀리지 않고 같아야 검색이 된다. 나중에 다시 설명하겠지만 Firestore는 관계형 데이터베이스의 LIKE 검색이 되지 않는다. 하지만 LIKE 같은 기능은 안드로이드 내부에서 처리 가능하니 크게 걱정하지 않아도 된다.

그림을 보게 되면 검색되는 범위가 세로로 만들어진 막대기 하나처럼 굉장히 좁은 것을 알 수가 있다.

〔입력 양식〕

```
fun readQueryWhereEqualToData() {
    firestore?.collection("User")?.whereEqualTo("address", "송도")?.get()?.
addOnCompleteListener {
        task ->
        if(task.isSuccessful){
            for (dc in task.result.documents){
                var userDTO = dc.toObject(UserDTO::class.java)
                println(userDTO.toString())
            }
        }
    }
}
```

이렇게 검색하면 송도라는 이름만 가진 Document만 검색이 된다.

〔결과값〕

I/System.out: UserDTO(name=하울, address=송도)

2. WhereGreaterThan

쿼리에 입력된 값을 초과하는 데이터만 검색이 된다.

〔입력 양식〕

```
fun readQueryWhereGreaterThanData() {
    firestore?.collection("User")?.whereGreaterThan("age", 9)?.get()?.
addOnCompleteListener {
        task ->
        if(task.isSuccessful){
            for (dc in task.result.documents){
                var userDTO = dc.toObject(UserDTO::class.java)
                println(userDTO.toString())
            }
        }
    }
}
```

〔결과값〕

I/System.out: UserDTO(name=마녀, address=목포, age=70)

3. WhereGreaterThanOrEqualTo

쿼리에 입력된 값의 이상 데이터만 검색이 된다.

〔입력 양식〕

```
fun readQueryWhereGreaterThanOrEqualToData() {
  firestore?.collection("User")?.whereGreaterThanOrEqualTo("age", 9)?.get()?.
addOnCompleteListener {
    task ->
    if(task.isSuccessful){
        for (dc in task.result.documents){
            var userDTO = dc.toObject(UserDTO::class.java)
            println(userDTO.toString())
        }
    }
  }
}
```

〔결과값〕

```
I/System.out: UserDTO(name=마르클, address=대전, age=9)
I/System.out: UserDTO(name=마녀, address=목포, age=70)
```

4. WhereLessThan

쿼리에 입력된 값의 미만 데이터만 검색이 된다.

〔입력 양식〕

```
fun readQueryWhereLessThanData() {
    firestore?.collection("User")?.whereLessThan("age", 9)?.get()?.
addOnCompleteListener {
        task ->
        if(task.isSuccessful){
            for (dc in task.result.documents){
                var userDTO = dc.toObject(UserDTO::class.java)
                println(userDTO.toString())
            }
        }
    }
}
```

〔결과값〕

```
I/System.out: UserDTO(name=캘시퍼, address=부산, age=5)
```

5. WhereLessThanOrEqualTo

쿼리에 입력된 값의 이하 데이터만 검색이 된다.

〔입력 양식〕

```
fun readQueryWhereLessThanOrEqualToData() {
    firestore?.collection("User")?.whereLessThanOrEqualTo("age", 9)?.get()?.
addOnCompleteListener {
        task ->
        if(task.isSuccessful){
            for (dc in task.result.documents){
```

```
                var userDTO = dc.toObject(UserDTO::class.java)
                println(userDTO.toString())
            }
        }
    }
}
```

〔결과값〕

```
I/System.out: UserDTO(name=캘시퍼, address=부산, age=5)
I/System.out: UserDTO(name=마르클, address=대전, age=9)
```

Push Driven

데이터가 변경될 때마다 뷰를 그려주는 구조를 만들기 위해서 많이 사용한다. 특히 실시간으로 반영되는 리스트나 채팅을 만들 때 많이 사용한다. 사용 방법은 get.addOnCompliteListener 대신 addSnapshotListener를 쓰면 된다.

〔입력 양식〕

```
collection(Collection 이름).document(Document 이름).addSnapshotListener{
documentSnapshot, firebaseFirestoreException ->

}
```

Doucment Id로 검색할 경우 Paramater로 documentSnapshot과 firebaseFirestore Exception이 넘어온다.

〔입력 코드〕

```
fun addSnapshotDoucment() {
    firestore?.collection("User")?.document("document1")?.addSnapshotListener
{ documentSnapshot, firebaseFirestoreException ->
```

```
        var doucment = documentSnapshot.toObject(UserDTO::class.java)
        println(doucment.toString())
    }
}
```

〔결과값〕

I/System.out: UserDTO(name=하울, address=송도, age=null)

현재 결과값이 UserDTO(name＝하울, address＝송도)라고 출력되었다. 하지만 addSanpshot 특성상 Listenter처럼 데이터가 변환될 때 계속 이벤트가 발생한다.

document1의 내용을 직접 송도에서 서울로 수정할 경우 이벤트가 발생하는 것을 볼 수가 있다.

〔결과값〕

I/System.out: UserDTO(name=하울, address=서울, age=null)

물론 Push Driven 방식을 처음 접해본 분들은 얼마나 편리한 방식인지 아직까지는 이해하기 힘들 수가 있는데, 뒤에서 SNS 앱을 만들 때 얼마나 편리하게 코딩을 할 수 있는지 알게 될 것이다.

Query로 검색을 할 경우 Paramater로 querySnapshot과 firebaseFirestoreException가 넘어온다.

```
collection("User").whereEqualTo("adress", "송도").addSnapshotListener
{ querySnapshot, firebaseFirestoreException ->
    for (dc in querySnapshot.documentChanges) {

    }
}
```

Query 검색을 했을 경우 여러 개의 Document가 검색되기 때문에 QuerySnapshot을 통해서 받는 것이다. 일단 Firestore에 "name : 하울"이 있는 Document를 하나 더 추가하고 진행해보자.

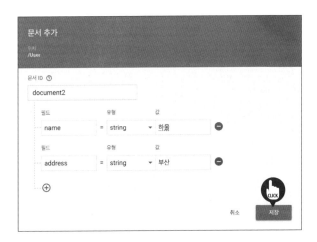

문서 ID는 Document2라고 입력한 뒤 필드는 name : 하울, address : 부산을 입력하고
생성하자.

[입력 양식]

```
fun addSnapshotQuery() {
    firestore?.collection("User")?.whereEqualTo("name", "하울")?.addSnapshotListener
{ querySnapshot, firebaseFirestoreException ->
        for (dc in querySnapshot.documentChanges) {
            var doucment = dc.document.toObject(UserDTO::class.java)
            println(doucment.toString())
        }
    }
}
```

[결과값]

```
I/System.out: UserDTO(name=하울, address=서울, age=null)
I/System.out: UserDTO(name=하울, address=부산, age=null)
```

이처럼 여러 개의 데이터가 출력되는 것을 볼 수가 있다.

데이터베이스 수정하기(Update)

데이터베이스를 수정하는 기능을 말한다. 특이하게 set을 입력할 때처럼 오브젝트를 넘겨줄 수가 없는데, 그 이유는 데이터 스키마가 자주 변경되기 때문에 DTO 클래스를 통한 데이터를 업데이트해줄 필요가 없기 때문이다. 입력 방법에는 세 가지가 있는데 일단 map을 통해서 세팅을 진행해보자.

〔입력 양식〕

```
collection(Collection 이름).document(Document 이름).update(입력할 데이터)
().addOnCompleteListener{
task ->
}
```

Collection의 소괄호 안에 Collection 이름을 넣어주고, Document에 이름을 넣어주고, 수정할 데이터를 MutableMap으로 세팅해주면 데이터베이스 수정하기가 작동되는 것을 확인할 수가 있다. 그리고 정상적으로 결과값이 수정이 되었는지 확인하기 위해서는 addOnCompleteListener를 넣어주면 된다. 물론 간략한 코드를 원하거나 결과값을 확인할 필요가 없다면 addOnCompleteListener를 생략해도 상관없다.

〔사용 예제〕

```
fun updateData(){
  var map = mutableMapOf<String,Any>()
  mutableMap["phone"] = "010-1234-5678"
firestore?.collection("User")?.document("document1")?.update(map)?.addOnCompleteListener {
task ->
    if(task.isSuccessful){
        //프로세스가 성공했을 경우 코드 입력
      }
   }
}
```

〔결과값〕

그러면 Firestore에 이렇게 데이터가 입력된 것을 확인할 수가 있다.

데이터베이스 삭제하기(Delete)

정확한 Collection 이름과 Document 이름을 입력한 후 Delete() 코드를 입력하면 원하는 Document를 삭제할 수가 있다.

〔입력 양식〕

```
collection(Collection 이름).document(Document
이름).Delete().addOnCompleteListener{
task ->
}
```

Collection의 소괄호 안에 Collection 이름을 넣어주고, Document에 이름을 넣어주고, Delete()를 넣어주면 정상적으로 삭제되는 것을 확인할 수가 있다. 결과값을 확인하길 원한다면 addOnCompleteListener를 넣어주면 된다. 물론 간략한 코드를 원하거나 결과값을 확인할 필요가 없다면 addOnCompleteListener를 생략해주어도 상관없다.

〔사용 예제〕

```
fun deleteData(){
    firestore?.collection("User")?.document("document1")?.delete()?.addOnCompleteListener {
 task ->
        if(task.isSuccessful){
            //프로세스가 성공했을 경우 코드 입력
        }
    }
}
```

〔결과값〕

코드를 실행하면 Document1이 삭제된 것을 확인할 수가 있다.

FirebaseStorage 시작하기

FirebaseStorage는 일종의 문서, 사진, 파일, 동영상을 저장하는 저장소라고 생각하면 된다. 과거 FirebaseStorage가 없었을 때에는 직접 리눅스 서버에 vsFTPd를 설치해서 파일 서버를 만들어주거나 아니면 아마존 s3나 Azure의 block를 사서 써야 했었다. 금액을 떠나서 과정이 굉장히 복잡하고 까다로워서 따로 서버 개발자가 아니면 구축하기가 힘들었다. 하지만 지금은 FirebaseStorage 라이브러리만 설치하면 손쉽게 FTP 서버를 구축할 수가 있다.

```
implementation 'com.google.firebase:firebase-storage:XX.X.X'
```

XX.X.X에 현재 안정적인 버전인 12.0.1을 입력하고 코드를 추가한 후에 Sync Now를 클릭한다.

마찬가지로 스토리지에도 보안 설정을 할 수가 있다. Firestore와 마찬가지로 Fireabase의 Authenticaiton에 인증된 사용자, 인증되지 않는 사용자 혹은 완전 쓰기 금지 사용자로 지정할 수가 있다.

일단 규칙을 설정하기 위해 Storage로 이동한 후에 시작하기를 클릭하자.

그럼 Firebase는 자동적으로 보안 규칙을 만들어준다. 이 보안 규칙은 인증된 사용자만 사용할 수 있도록 지정되며 가장 기본적인 보안 규칙이다.

그 다음엔 스토리지의 규칙으로 이동하면 된다.

보안 규칙의 종류

인증된 사용자

```
allow read, write: if request.auth != null;
```

인증된 사용자는 Firebase의 Authentication에 등록된 사용자만 사용할 수 있는 보안 규칙으로 외부에서 제삼자가 악용하는 것을 막을 수가 있다.

인증되지 않는 사용자

```
allow read, write: if true;
```

Firebase Authentication에 등록되지 않는 사용자도 사용이 가능하며 개발을 위해서 빠른 테스트 요구할 때 많이 사용한다.

쓰기 금지

```
allow read, write: if false;
```

데이터베이스에 인증된 사용자든 인증되지 않는 사용자든 쓰기를 금지할 수 있다.

변수 선언 방법

```
var firebaseStore = FirebaseFirestore.getInstance()
```

FirebaseStore는 FirebaseFirestore.getInstance()로 선언해서 사용할 수가 있다.

업로드 방법

여러 가지가 있다. ByteArrayOutputStream, FileInputStream(메모리)에 있는 파일을 올리는 방법, Uri(경로) 파일을 올리는 방법, 직접 파일을 올리는 방법 총 세 가지가 있다.

1. ByteArrayOutputStream

```kotlin
fun uploadFromMemory(bitmap: Bitmap){
    var baos = ByteArrayOutputStream()
    bitmap.compress(Bitmap.CompressFormat.JPEG, 100, baos)
    var data = baos.toByteArray()
firebaseStorage?.reference?.child("imageFolder")?.child("imageBaos.png")?.
putBytes(data)?.add
OnCompleteListener {
        task ->

    }
}
```

메모리의 ByteArrayOutputStream에 있는 스트림 코드를 putBytes 를 통해 바로 Firebase Storeage로 올릴 수가 있다.

2. FileInputStream

```kotlin
fun uploadStream(file: File){
    val stream = FileInputStream(file)

firebaseStorage?.reference?.child("imageFolder")?.child("imageStream.png")?.
putStream(stream)
?.addOnCompleteListener {
        task ->

    }
}
```

메모리의 FileInputStream에 있는 스트림 코드를 putStream로 바로 Firebase Storeage로 올릴 수가 있다.

3. 파일 경로

```kotlin
fun uploadUri(file: File){

    val file = Uri.fromFile(file)
firebaseStorage?.reference?.child("imageFolder")?.child("imageUri.png")?.putFile(file)?.
addOnCo
```

```
mpleteListener {
        task ->


    }
}
```

Uri.from을 통해서 저장된 파일의 경로로 접근해서 바로 putFile로 파일을 올릴 수가 있다.

다운로드 방법

다운로드 방법은 대표적으로 두 가지가 있는데 메모리에 다운로드받는 방법과 스토리지에 저장하는 방법이 있다. 둘의 중요한 차이점은 메모리로 저장하는 것은 앱이 종료되었을 때 저장된 데이터가 날아가는 방식이고 스토리지에 저장하는 것은 앱이 종료되거나 스마트폰이 재부팅되어도 데이터가 남아 있는 방식이라는 것이다.

처음 접하는 사람들은 그럼 데이터가 날아가지 않는 스토리지 방식이 좋은 것 아닌가 하고 생각할 수 있다. 하지만 스토리지 방식은 읽는 속도가 매우 느리며 만약 자주 사용할 경우 쌓인 다운로드 데이터를 일일이 지워주어야 하는 단점이 존재한다.

다운로드받기 위해서는 URL 주소가 필요한데, 발급받는 방법은 다운로드 완료 후 addOnCompleteListener 결과값이 넘어올 때 task.result.downloadUrl로 URL 주소를 받아오면 된다.

```
addOnCompleteListener {
    task ->
    if(task.isSuccessful){
        var url = task.result.downloadUrl
    }
}
```

메모리 저장

메모리 다운로드는 다운로드된 파일을 메모리에 저장할 때 사용하는 코드이다.

```
fun downloadInMemory(){
    var ref =
firebaseStorage?.reference?.child("imageFolder")?.child("downloadImage.png")
    var ONE_MEGABYTE = (1024 * 1024).toLong()
    ref?.getBytes(ONE_MEGABYTE)?.addOnSuccessListener({
        bytes ->

    })
}
```

스토리지 저장

스토리지 저장은 직접 안드로이드폰 저장소에 저장하는 기능이다. 메모리에 저장하고 싶지 않고 직접 안드로이드 저장소에 저장하고 싶을 때 많이 사용한다.

```
fun downloadInLocal(){
    var ref =
firebaseStorage?.reference?.child("imageFolder")?.child("downloadI
mage.png")
    var localFile = File.createTempFile("localImages", "png")
    ref?.getFile(localFile)?.addOnSuccessListener({
        taskSnapshot ->

    })
}
```

사실 이 기능은 많이 사용하지 않는다. 직접적으로 경로로 접근해서 쓰는 경우는 거의 없다. 직접적인 경로를 사용한다는 것은 보안상 좋지 않으며 또한 남들에게 파일이나 이미지를 공유할 때 굉장히 복잡한 경로를 제공해야 되는 경우가 발생한다. 그렇기 때문에 보통 DownloadUri 등을 통해서 URL 경로를 받아 쓰고 있다.

삭제 방법

```
fun deleteFile(){
    var ref =
firebaseStorage?.reference?.child("imageFolder")?.child("downloadImage.png")
    ref?.delete()?.addOnCompleteListener {
        task ->

    }
}
```

파일을 삭제하기 위해서는 간단히 파일 경로를 입력한 뒤 delete() 코드를 입력하면 된다.

4

Firebase로
SNS 앱 만들기

안드로이드 프로젝트 생성하기

앱을 만들기 위해서 안드로이드 프로젝트를 만들자. 먼저 안드로이드 스튜디오에서 프로젝트를 만들어준다.

프로젝트 이름을 "Howlstagram"으로 입력하여 진행한다.

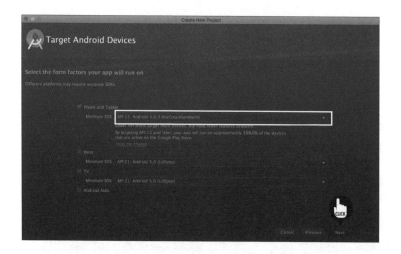

앱 타깃을 페이지 수정 없이 API 15로 설정하여 다음 페이지로 진행한다. API 15 이상의 버전은 '아이스크림 샌드위치'라고 부르며 안드로이드 전체 사용자의 95% 정도를 차지한다.

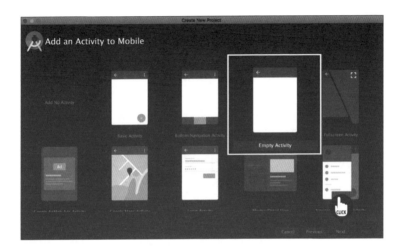

아무런 코드가 정의되어 있지 않은 Empty Activity를 선택한다.

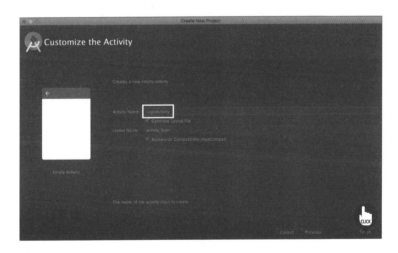

Activity 이름을 MainActivity에서 LoginActivity로 변경하여 진행한다.

Firebase 프로젝트 생성 및 연동하기

안드로이드(프론트엔드)와 Firebase(백엔드)를 연동하여 풀스택으로 앱을 만들어보자.
프로젝트 이름을 "Howlstagram"으로 입력하여 진행한다.

Firebase의 인증(Authentication) 연동하기

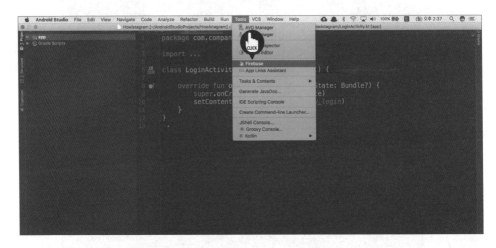

"Tools - Firebase"를 클릭하여 Firebase 메뉴로 들어가자.

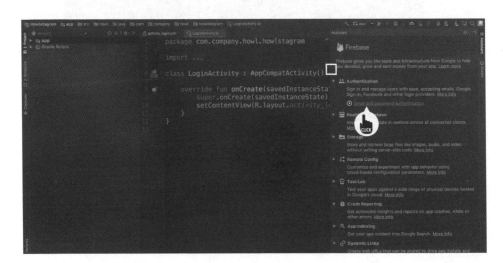

Firebase에는 여러 가지 기능들이 있는데 여기서 먼저 로그인 부분을 구현하기 위해 Authentication 메뉴로 들어가자.

Connect to Firbase를 클릭하여 Firebase와 안드로이드 프로젝트를 연결하자.

자신의 구글 로그인 계정 선택이 나타나게 되며 여기서 Firebase에서 사용할 구글 계정을 선택한다.

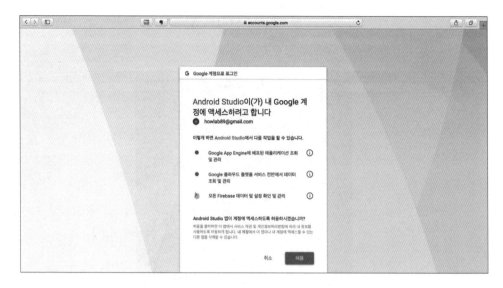

안드로이드 스튜디오(IDE)에게 구글 아이디 권한을 주게 되면 안드로이드 스튜디오는
Firebase에 접근할 수 있게 된다.

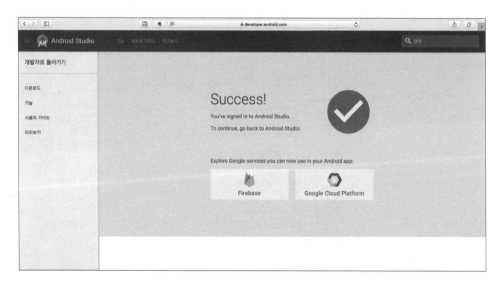

안드로이드 스튜디오와 Firebase 연동이 완료되었다.

114

Firebase Project를 생성하면 Firebase console이 만들어지게 된다.

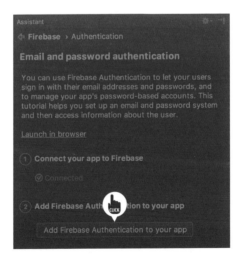

Firebase에서 Authentication의 Add Firebase Anthentication to your app를 클릭하면
라이브러리가 추가된다.

권한 승인하기

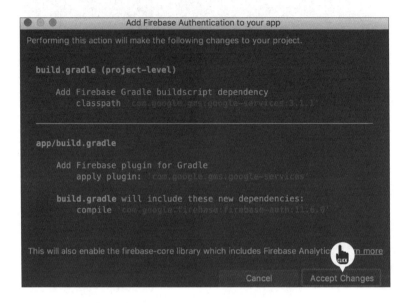

Accept Changes을 승인하면 Firebase 연결을 도와주는 플러그인 'com.google.gms.
google-services'와 Firebase 로그인을 도와주는 'com.google.firebase:firebase-auth'
모듈이 자동적으로 추가된다.

Add Firebase Authentication to your app의 Dependencies set up correctly에 불이
들어오면 Firebase와 안드로이드 프로젝트의 연결이 완료된 것이다.

색상, 스타일, 이미지 세팅

시작하기 전에 사용할 라이브러리와 스타일(테마), 문자열, 색상 등을 지정하고 진행하자. 사실 한 단계씩 진행하면서 세팅하는 방법이 좋긴 하지만 그럴 경우 책의 내용이 너무 복잡해지기 때문에 일단 기초적인 세팅을 하고 진행하자.

Gradle 세팅

Gradle은 안드로이드의 기본적인 환경 설정 및 안드로이드 라이브러리를 관리해주는 곳이다. 시작하기 전에 사용할 라이브러리를 지정하고 시작하자.

Bulid.gradle(Project: Howlstagram)

```
buildscript {
    ext.kotlin_version = '1.2.40'
    repositories {
        google()
        jcenter()

        /*추가 FaceBook Library*/
        mavenCentral()

    }
    dependencies {
        classpath 'com.android.tools.build:gradle:3.1.0'
        classpath "org.jetbrains.kotlin:kotlin-gradle-plugin:$kotlin_version"

        // NOTE: Do not place your application dependencies here; they belong
        // in the individual module build.gradle files
        classpath 'com.google.gms:google-services:3.1.1'
    }
}
```

Buildscript의 Repositories 안에 mavenCentral() 코드를 넣어야 한다. facebook-android-sdk 라이브러리를 Gradle이 인식하도록 하기 위해서이다.

Bulid.gradle(Module: app)

```
dependencies {
    implementation fileTree(include: ['*.jar'], dir: 'libs')
    implementation "org.jetbrains.kotlin:kotlin-stdlib-jre7:$kotlin_version"
    implementation 'com.android.support:appcompat-v7:27.0.2'


    /*코드 추가*/
    //Material Design
    implementation 'com.android.support:design:27.0.2'
    //Recycler View
    implementation 'com.android.support:recyclerview-v7:27.0.2'
    //FaceBook 지원
    implementation 'com.facebook.android:facebook-android-sdk:[4,5)'
    //Firebase 로그인 지원
    implementation 'com.google.firebase:firebase-auth:12.0.0'
    //구글 로그인 지원
    implementation 'com.google.android.gms:play-services-auth:12.0.0'
    //트위터 라이브러리
    implementation 'com.twitter.sdk.android:twitter:3.1.1'

    implementation 'com.android.support.constraint:constraint-layout:1.1.0'
    testImplementation 'junit:junit:4.12'
    androidTestImplementation 'com.android.support.test:runner:1.0.1'
    androidTestImplementation 'com.android.support.test.espresso:espresso-core:3.0.1'
}
apply plugin: 'com.google.gms.google-services'
```

이미 "com.google.firebase:firebase-auth XX.X.X" 버전이 있을 것이다. 하지만 최신 버전 12.0.0으로 수정해주자.

책 앞에서는 12.0.1으로 예제를 보여주었지만 이번 예제에서는 27.0.2 버전과 호환을 위해 12.0.0으로 진행을 하도록 하겠다. 사실 12.0.0 버전 이상만 된다면 뒷자리가 크게 달라도 문제가 없으니 각자 자신에게 맞는 버전을 적용하고 시작하자.

또한 구글 로그인을 위해서 "com.google.android.gms:play-services-auth:12.0.0", 페이스북 로그인을 위한 "com.facebook.android:facebook-android-sdk:[4,5)", 마지막으로 API9을 위한 "com.android.support:support-v4:27.0.2" 코드를 넣어주자.

일단 간단히 각각의 라이브러리에 대해서 설명하면 다음과 같다.

라이브러리	설명
com.android.support:design	안드로이드 Material Design을 관리하는 모듈이다. 화면의 하단에 배치되는 TabBar 레이아웃이 있다.
com.android.support:recyclerview-v7	화면을 Grid로 만들어주는 Recyclerview를 관리하는 모듈이다.
com.google.firebase:firebase-auth	Firebase 로그인을 관리하는 라이브러리(모듈)이다. 주 기능으로는 AuthStateChangeListeger, Email 로그인 기능, Credential(인증서)를 생성하고 Firebase로 넘겨주는 기능을 가지고 있다.
com.google.android.gms:play-services-auth	구글 로그인을 관리하는 모듈이다. 인증이 성공할 경우 JWT(Json Web Token)을 발급해주는 기능을 가지고 있다.
com.facebook.android:facebook-android-sdk	페이스북 로그인을 관리하는 모듈이다. 인증이 성공할 경우 JWT(Json Web Token)을 넘겨준다.
com.twitter.sdk.android:twitter	트위어 로그인을 관리하는 모듈이다. 인증이 성공할경우 JWT(Json Web Token)을 넘겨준다.

색상 세팅

앱을 제작하는 데 있어서 사용하는 색상들을 정리해놓았다. 색상 코드는 16진수로 되어 있다. 조금은 제대로 디자인된 앱을 만들기 위해서 색상 코드를 세팅하고 진행하자.

Res - Values - colors.xml

```xml
<?xml version="1.0" encoding="utf-8"?>
<resources>
    <color name="colorPrimary">#ededed</color>
    <color name="colorPrimaryDark">#e1e1e1</color>
    <color name="colorLightGray">#f1f1f1</color>

    <color name="colorAccent">#FF4081</color>
    <color name="colorWhite">#FFFFFF</color>
    <color name="colorDivision">#e0e0e0</color>
    <color name="colorNavIcon">#1d1d1d</color>

    <color name="colorGoogleSignIn">#d34836</color>
    <color name="colorGoogleSignInPressed">#b02513</color>
    <color name="colorEmailSignIn">#009688</color>
    <color name="colorEmailSignInPressed">#004D40</color>
</resources>
```

시작하기 전에 색상 세팅을 하고 진행하자. 디자인 잘한다고 해서 코딩을 잘하는 것이 아니기 때문에 디자인 부분은 최대한 생략하고 진행하도록 하겠다.

문자열 세팅

앱에 쓰일 문자열들을 준비하고 진행하자. 이렇게 모아놓고 진행하면 나중에 손쉽게 수정할 수 있다는 장점이 있다. 하지만 모든 문자열을 Strings.xml로 선언하는 것은 번거로우니 상황에 따라서 유연하게 사용하도록 하자.

Res - values - strings.xml

```xml
<resources>
    <string name="app_name">Howlstagram</string>
    <string name="facebook_app_id">FaceBook App Key</string>
    <string name="fb_login_protocol_scheme">fbFaceBook App Key
</string>
    <string
name="com.twitter.sdk.android.CONSUMER_KEY">트위터 CONSUMER KEY</string>
    <string
name="com.twitter.sdk.android.CONSUMER_SECRET">트위터 SECRET KEY</string>
```

```xml
<!-- Sign In -->
<string name="email">Email</string>
<string name="password">Password</string>

<string name="signin_email">회원가입 및 이메일 로그인</string>
<string name="signin_google">Google으로 로그인</string>
<string name="signin_facebook">Facebook으로 로그인</string>
<string name="signin_twitter">Twitter으로 로그인</string>
<string name="signup_complete">회원가입 성공</string>
<string name="signin_complete">로그인 성공</string>
<string name="signout">로그아웃</string>
<string name="signout_success">로그아웃 성공</string>
<string name="signout_fail">로그아웃 실패</string>
<string name="signout_fail_null">이메일과 비밀번호를 입력해주세요</string>

<!-- Bottom Navigation View -->
<string name="home">home</string>
<string name="search">Search</string>
<string name="gallery">Gallery</string>
<string name="favorite">Favorite</string>
<string name="account">Account</string>

<!-- Account -->
<string name="post">게시물</string>

<string name="following">팔로잉</string>
<string name="follower">팔로워</string>
<string name="follow">팔로우</string>
<string name="follow_cancel">팔로우 취소</string>
<string name="profile">Profile</string>
<string name="count_0">0</string>

<!-- Alarm -->
<string name="alarm_favorite">님이 좋아요를 눌렀습니다.</string>
<string name="alarm_who">님이 </string>
<string name="alarm_comment"> 메세지를 남겼습니다.</string>
<string name="alarm_follow">님이 당신의 계정을 팔로우하기 시작했습니다.</string>

<!-- Comment -->
<string name="send">보내기</string>

<!-- Add Photo -->
<string name="upload_image">사진 올리기</string>
<string name="hint_image_content">내용</string>
<string name="upload_success">업로드 성공</string>
```

```xml
        <string name="upload_fail">업로드 실패</string>


        <!-- Toolbar -->
        <string name="back">Back</string>

        <!-- etc -->
        <item name="visible" type="id" />
        <item name="masked" type="id" />
</resources>
```

필요한 메세지, APP Key, Secret Key, 문자열을 모아놓았다.

스타일 세팅

스타일은 일종의 테마와 같은 기능이다. 필자도 처음에 배웠을 때는 테마와 스타일의 기능이 같은데 왜 두 가지로 나눠놓았는지 궁금했던 적이 있다. 테마는 일종의 Global(전역)로 앱에 전체적으로 세팅하는 디자인 설정값이라고 생각하면 되고, Style은 Local(지역)의 Wedget이나 레이아웃에 세팅하는 디자인 설정값이라고 생각하면 편하다.

```xml
<resources>

    <!-- Base application theme. -->
    <style name="AppTheme" parent="Theme.AppCompat.Light.NoActionBar">
        <!-- Customize your theme here. -->
        <item name="colorPrimary">@color/colorPrimary</item>
        <item
name="colorPrimaryDark">@color/colorPrimaryDark</item>
        <item name="colorAccent">@color/colorAccent</item>
    </style>

    <style name="ButtonStyle"
parent="Widget.AppCompat.Button.Colored">
        <item
name="colorButtonNormal">@color/colorWhite</item>
    </style>
</resources>
```

Drawable 이미지 세팅

사실 모바일 앱은 코드보다는 디자인이 매우 중요하다. 앱을 잘 만들었다고 판단하는 기준으로 버그가 없는 것도 포함되지만 UI나 디자인이 깔끔하다면 매우 잘 만든 앱처럼 보인다. 그렇게 때문에 코딩을 하는 것도 중요하지만 그만큼 디자인을 잘 짜는 것도 중요하다.

https://github.com/you6878/HowlstagramInit.git로 이동해서 이미지를 받아오자. 이번 앱 제작에 쓰일 이미지들을 준비해놓았다.

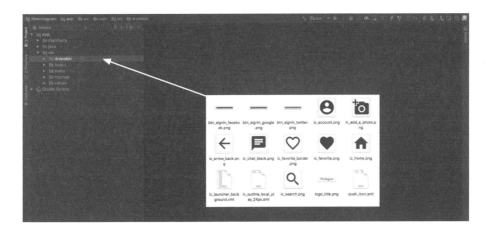

Github에서 받은 이미지를 복사해서 넣어주자.

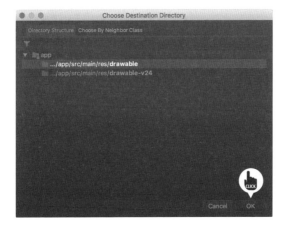

종류가 drawable 폴더와 drawable-v24 폴더 두 가지가 있다. v24 폴더는 API 24(안드로이드 7.0) 버전 이상 제품만 사용할 수 있기 때문에 drawable 폴더에 넣어서 좀 더 하위 기종에서도 사용할 수 있게끔 만들어주자.

LoginActivity 만들기

레이아웃 만들기

LoginActivity에는 이메일 로그인, 페이스북 로그인, 구글 로그인, 트위터 로그인 구현을 할 예정이다. 각자 쓸 이미지들이 준비되어 있기 때문에 아래 코드를 그대로 입력하면 깔끔한 화면이 나오게 된다.

activity_login.xml

```xml
<?xml version="1.0" encoding="utf-8"?>
<RelativeLayout xmlns:android="http://schemas.android.com/apk/res/android"
    android:layout_width="match_parent"
    android:layout_height="match_parent">
    <LinearLayout
        android:layout_width="match_parent"
        android:layout_height="match_parent"
        android:layout_above="@id/signin_layout">

        <ImageView [1]
            android:id="@+id/image_logo"
            android:layout_width="match_parent"
            android:layout_height="wrap_content"
            android:layout_gravity="center"
            android:layout_marginBottom="50dp"
            android:layout_marginEnd="20dp"
            android:layout_marginStart="20dp"
            android:layout_marginTop="50dp"

android:contentDescription="@string/app_name"
            android:src="@drawable/logo_title" />
    </LinearLayout>
```

```xml
<ProgressBar
        android:id="@+id/progress_bar"
        android:layout_width="wrap_content"
        android:layout_height="wrap_content"
        android:layout_centerInParent="true"
        android:visibility="gone" /> ²

    <LinearLayout
        android:id="@+id/signin_layout"
        android:layout_width="match_parent"
        android:layout_height="wrap_content"
        android:layout_alignParentBottom="true"
        android:gravity="bottom"
        android:orientation="vertical">

        <!-- EditText - Email -->
        <android.support.design.widget.TextInputLayout
            android:layout_width="match_parent"
            android:layout_height="wrap_content"
            android:layout_marginEnd="20dp"
            android:layout_marginStart="20dp">

            <EditText
                android:id="@+id/email_edittext"
                android:layout_width="match_parent"
                android:layout_height="match_parent"
                android:hint="@string/email"
                android:inputType="textEmailAddress" /> ³

</android.support.design.widget.TextInputLayout>

        <!-- EditText - Password -->
        <android.support.design.widget.TextInputLayout
            android:layout_width="match_parent"
            android:layout_height="wrap_content"
            android:layout_marginEnd="20dp"
            android:layout_marginStart="20dp">

            <EditText
                android:id="@+id/password_edittext"
                android:layout_width="match_parent"
                android:layout_height="match_parent"
                android:hint="@string/password"
                android:inputType="textPassword" /> ⁴
```

```xml
        </android.support.design.widget.TextInputLayout>
        <!-- Button -->
        <Button
            android:id="@+id/email_login_button"
            android:layout_width="match_parent"
            android:layout_height="40dp"
            android:layout_marginBottom="35dp"
            android:layout_marginEnd="20dp"
            android:layout_marginStart="20dp"
            android:layout_marginTop="15dp"
            android:text="@string/signin_email"
            android:theme="@style/ButtonStyle" /> 5

        <Button
            android:id="@+id/google_sign_in_button"
            android:layout_width="match_parent"
            android:layout_height="40dp"
            android:layout_marginBottom="5dp"
            android:layout_marginEnd="20dp"
            android:layout_marginStart="20dp"

android:background="@drawable/btn_signin_google"
            android:text="@string/signin_google"
            android:textColor="@color/colorWhite" /> 6


        <Button
            android:id="@+id/facebook_login_button"
            android:layout_width="match_parent"
            android:layout_height="40dp"
            android:layout_gravity="center_horizontal"
            android:layout_marginBottom="5dp"
            android:layout_marginEnd="20dp"
            android:layout_marginStart="20dp"

android:background="@drawable/btn_signin_facebook"
            android:text="@string/signin_facebook"
            android:textColor="@color/colorWhite" /> 7

        <Button
            android:id="@+id/twitter_login_button"
            android:layout_width="match_parent"
            android:layout_height="40dp"
            android:layout_marginBottom="35dp"
            android:layout_marginEnd="20dp"
```

```
            android:layout_marginStart="20dp"

android:background="@drawable/btn_signin_twitter"

            android:text="@string/signin_twitter"
            android:textColor="@color/colorWhite" /> 8


    </LinearLayout>
</RelativeLayout>
```

1. 로그인 로고 이미지
2. 로딩 진행바
3. 아이디를 입력할 수 있는 EditText이다.
4. 패스워드를 입력할 수 있는 Password이다.
5. 이메일 아이디를 로그인할 수 있는 버튼이다.
6. 구글 로그인을 진행할 수 있는 버튼이다.
7. 페이스북 로그인을 진행할 수 있는 버튼이다.
8. 트위터 로그인을 진행할 수 있는 버튼이다.

코드를 입력하면 다음과 같이 배치되는 것을 확인할 수가 있다.

코드 입력

LoginActivity 실제 사용 코드이다. 이미 구글 로그인, 페이스북 로그인, 이메일 로그인 코드
가 구현되어 있다. 일단 전체적인 코드를 살펴보고, 부분적으로 어떻게 쓰이는지 살펴보도록
하겠다.

이 파트에서는 각각의 Function이 어떻게 사용되는지 간단히 설명한 후에 뒷부분에 어떻게
코드들이 사용되는지 자세하게 설명하기로 한다.

LoginActivity.kt

```kotlin
class LoginActivity : AppCompatActivity() {

    // Firebase Authentication 관리 클래스
    var auth: FirebaseAuth? = null

    // GoogleLogin 관리 클래스
    var googleSignInClient: GoogleSignInClient? = null

    // Facebook 로그인 처리 결과 관리 클래스
    var callbackManager: CallbackManager? = null

    //GoogleLogin
    val GOOGLE_LOGIN_CODE = 9001 // Intent Request ID

    var twitterAuthClient: TwitterAuthClient? = null

    override fun onCreate(savedInstanceState: Bundle?) {
        super.onCreate(savedInstanceState)
        setContentView(R.layout.activity_login)

        // Firebase 로그인 통합 관리하는 Object 만들기
        auth = FirebaseAuth.getInstance()

        //구글 로그인 옵션
        var gso =
GoogleSignInOptions.Builder(GoogleSignInOptions.DEFAULT_SIGN_IN)
                .requestIdToken(getString(R.string.default_web_client_id))
                .requestEmail()
                .build()
```

```kotlin
        //구글 로그인 클래스를 만듦
        googleSignInClient = GoogleSignIn.getClient(this, gso)
        callbackManager = CallbackManager.Factory.create()

        //구글 로그인 버튼 세팅
        google_sign_in_button.setOnClickListener { googleLogin() }

        //페이스북 로그인 세팅
        facebook_login_button.setOnClickListener { facebookLogin() }

        //이메일 로그인 세팅
        email_login_button.setOnClickListener { emailLogin() }

        //트위터 로그인 세팅
        twitter_login_button.setOnClickListener { twitterLogin() }
    }
    fun moveMainPage(user : FirebaseUser?){ ¹

        // User is signed in
        if (user != null) {
            Toast.makeText(this, getString(R.string.signin_complete),
Toast.LENGTH_SHORT).show()
            startActivity(Intent(this, MainActivity::class.java))
            finish()
        }
    }

    fun googleLogin() { ²
        progress_bar.visibility = View.VISIBLE
        var signInIntent = googleSignInClient?.signInIntent
        startActivityForResult(signInIntent, GOOGLE_LOGIN_CODE)
    }

    fun facebookLogin() { ³
        progress_bar.visibility = View.VISIBLE

        LoginManager.getInstance().logInWithReadPermissions(this,
Arrays.asList("public_profile", "email"))
            LoginManager.getInstance().registerCallback(callbackManager, object :
FacebookCallback<LoginResult> {
            override fun onSuccess(loginResult: LoginResult) {
                handleFacebookAccessToken(loginResult.accessToken)
            }

            override fun onCancel() {
```

```
                    progress_bar.visibility = View.GONE
            }

            override fun onError(error: FacebookException) {
                progress_bar.visibility = View.GONE
            }
        })
    }
    fun twitterLogin(){ ⁴
        progress_bar.visibility = View.VISIBLE
        twitterAuthClient?.authorize(this, object : Callback<TwitterSession>() {
            override fun success(result: Result<TwitterSession>?) {
                val credential = TwitterAuthProvider.getCredential(
                        result?.data?.authToken?.token!!,
                        result?.data?.authToken?.secret!!)
                auth?.signInWithCredential(credential)?.addOnCompleteListener { task ->
                        progress_bar.visibility = View.GONE
                    //다음 페이지 이동
                    if (task.isSuccessful) {
                            moveMainPage(auth?.currentUser)
                    }
                }
            }

            override fun failure(exception: TwitterException?) {

            }
        })
    }
 // Facebook 토큰을 Firebase로 넘겨주는 코드
 fun handleFacebookAccessToken(token: AccessToken) { ⁵
        val credential = FacebookAuthProvider.getCredential(token.token)
        auth?.signInWithCredential(credential)
                ?.addOnCompleteListener { task ->
                    progress_bar.visibility = View.GONE
                    //다음 페이지 이동
                    if (task.isSuccessful) {
                        moveMainPage(auth?.currentUser)
                    }
                }
}

 //이메일 회원 가입 및 로그인 메소드
 fun createAndLoginEmail() { ⁶

        auth?.createUserWithEmailAndPassword(email_edittext.text.toString(),
```

```kotlin
password_edittext.text.toString())
                ?.addOnCompleteListener { task ->
                    progress_bar.visibility = View.GONE
                    if (task.isSuccessful) {
                        //아이디 생성이 성공했을 경우
                        Toast.makeText(this,
                                        getString(R.string.signup_complete), 0
Toast.LENGTH_SHORT).show()

                        moveMainPage(auth?.currentUser)
                    } else if (task.exception?.message.isNullOrEmpty()) {
                        //회원 가입 에러가 발생했을 경우
                        Toast.makeText(this,
                                task.exception!!.message,
Toast.LENGTH_SHORT).show()
                    } else {
                        signinEmail()
                    }
                }
    }

fun emailLogin() { 7

    if (email_edittext.text.toString().isNullOrEmpty() ||
password_edittext.text.toString().isNullOrEmpty()) {
                Toast.makeText(this, getString(R.string.signout_fail_null),
Toast.LENGTH_SHORT).show()

    } else {

        progress_bar.visibility = View.VISIBLE
        createAndLoginEmail()

    }
    }

    //로그인 메소드
    fun signinEmail() { 8
        auth?.signInWithEmailAndPassword(email_edittext.text.toString(),
password_edittext.text.toString())
                ?.addOnCompleteListener { task ->
                    progress_bar.visibility = View.GONE

                    if (task.isSuccessful) {
                        //로그인 성공 및 다음 페이지 호출
```

```
                    moveMainPage(auth?.currentUser)
                }else{
                    //로그인 실패
                    Toast.makeText(this, task.exception!!.message,
Toast.LENGTH_SHORT).show()
                }
            }

    }

    override fun onActivityResult(requestCode: Int, resultCode: Int, data: Intent)
{ ⁹
        super.onActivityResult(requestCode, resultCode, data)

        // Facebook SDK로 값 넘겨주기
        callbackManager?.onActivityResult(requestCode, resultCode, data) ¹⁰

        //Twitter SDK로 값 넘겨주기
        twitterAuthClient?.onActivityResult(requestCode, resultCode, data) ¹¹

        // 구글에서 승인된 정보를 가지고 오기
        if (requestCode == GOOGLE_LOGIN_CODE) { ¹²
            var result = Auth.GoogleSignInApi.getSignInResultFromIntent(data)

            if (result.isSuccess) {
                var account = result.signInAccount ¹³
                firebaseAuthWithGoogle(account!!) ¹⁴
            } else {
                progress_bar.visibility = View.GONE ¹⁵
            }
        }
    }

    fun firebaseAuthWithGoogle(account: GoogleSignInAccount) { ¹⁶
        val credential = GoogleAuthProvider.getCredential(account.idToken,
null)
        auth?.signInWithCredential(credential)
            ?.addOnCompleteListener { task ->
                progress_bar.visibility = View.GONE
                if (task.isSuccessful) {

                    //다음 페이지 호출
                    moveMainPage(auth?.currentUser)
                }
            }
```

```
}

    override fun onStart() {
        super.onStart()

        //자동 로그인 설정
        moveMainPage(auth?.currentUser) 17

    }
}
```

1. 인증 성공 시 다음 페이지로 이동하는 코드이다

2. 구글 로그인 코드이다.

3. 페이스북 로그인 코드이다.

4. 트위터 로그인 코드이다.

5. 페이스북 토큰을 Credential를 만들어서 Firebase에게 넘겨주는 코드이다.

6. 이메일 아이디 생성 코드이다.

7. email_edittext, password_edittext 값이 Null이 아닌지 확인하는 코드이다.

8. 이메일 로그인 코드이다.

9. 페이스북, 구글, 트위터 로그인이 성공했을 때 결과값이 넘어오는 Function이다.

10. 페이스북 로그인이 성공했을 때 페이스북의 callbackManager로 결과값을 넘겨주기 위한 코드이다.

11. 트위터 로그인이 성공했을 때 결과값을 트위터의 Callback으로 넘겨주기 위한 코드이다.

12. 구글 로그인이 성공되었을 때 발생되는 조건문이다. 구글 로그인의 결과값인지 체크하는 플래그 값은 GOOGLE_LOGIN_CODE이다.

13. 구글 Account 정보를 가지고 있는 변수이다.

14. 요청 성공 시 Firebase에 signinAccount 정보를 firebaseAuthWithGoogle에다가 넘겨주자.

15. 구글 로그인이 실패했을 경우 진행바를 종료시킨다.

16. 구글 로그인이 성공했을 시 Token값을 Credential로 변환하고 Firebase에 넘겨주어서 계정을 생성하는 코드이다.

17. onStart()에 auth?.currentUser로 로그인된 세션을 체크하는 코드를 넣어 세션이 존재 즉 로그인 후 로그아웃이 안된 상태이면 자동적으로 다음 페이지로 넘어갈 수 있도록 도와주는 코드이다.

이메일 로그인

이메일 로그인 파트이다. 간단히 로직에 대해서 설명하면 먼저 이메일 값과 비밀번호 값이 Null이 아닌지 먼저 체크하고, 그 다음으로 입력된 이메일과 비밀번호로 회원 가입을 요청하게 된다. 만약 유저가 이미 회원 가입이 되어 있을 경우 로그인 로직으로 넘어가도록 설계되어 있다.

책의 앞페이지에는 비밀번호 찾기, 비밀번호 바꾸기, 이메일 인증 부분이 설명되어 있지만 예제에서는 이 부분을 포함하지 않았다.
만약 이 부분을 만들고 싶은 경우 앞의 내용을 참고해서 직접 만들어보는 것도 공부하는데 많은 도움이 될 거라 생각된다.

LoginActivity.kt

```
override fun onCreate(savedInstanceState: Bundle?) {
    super.onCreate(savedInstanceState)
    setContentView(R.layout.activity_login)
```

```kotlin
    // Firebase 로그인을 통합 관리하는 오브젝트 만들기
    auth = FirebaseAuth.getInstance()

    //이메일 로그인 세팅
    email_login_button.setOnClickListener { emailLogin() }

}

fun googleLogin() {
    progress_bar.visibility = View.VISIBLE [1]
    var signInIntent = googleSignInClient?.signInIntent
    startActivityForResult(signInIntent, GOOGLE_LOGIN_CODE) [2]
}

fun emailLogin() {

    if (email_edittext.text.toString().isNullOrEmpty() ||
password_edittext.text.toString().isNullOrEmpty()) { [3]
        Toast.makeText(this,
getString(R.string.signout_fail_null),
Toast.LENGTH_SHORT).show()

    } else {

        progress_bar.visibility = View.VISIBLE
        createAndLoginEmail()

    }
}

//이메일 회원 가입 및 로그인 메소드
fun createAndLoginEmail() {

auth?.createUserWithEmailAndPassword(email_edittext.text.to
String(), password_edittext.text.toString())
                ?.addOnCompleteListener { task -> [4]
                progress_bar.visibility = View.GONE
                if (task.isSuccessful) {
                    //아이디 생성이 성공했을 경우
                    Toast.makeText(this,
                            getString(R.string.signup_complete),
Toast.LENGTH_SHORT).show()

                    //다음 페이지 호출
                    moveMainPage(auth?.currentUser)
```

```
                } else if (task.exception?.message.isNullOrEmpty()) {
                        //회원 가입 에러가 발생했을 경우
                        Toast.makeText(this,
                                task.exception!!.message,
Toast.LENGTH_SHORT).show() ⁵
                } else {
                        signinEmail() ⁶
                }
        }

}

//로그인 메소드
fun signinEmail() {

auth?.signInWithEmailAndPassword(email_edittext.text.toStrin
g(), password_edittext.text.toString())
        ?.addOnCompleteListener { task -> ⁷
                progress_bar.visibility = View.GONE

                if (task.isSuccessful) {
                        //로그인 성공 및 다음 페이지 호출
                        moveMainPage(auth?.currentUser) ⁸
                }else{
                        //로그인 실패
                Toast.makeText(this,
task.exception!!.message, Toast.LENGTH_SHORT).show()
                }
        }
}

fun moveMainPage(user : FirebaseUser){ ⁹

    // User is signed in
    if (user != null) {
        Toast.makeText(this,
getString(R.string.signin_complete),
Toast.LENGTH_SHORT).show()
        startActivity(Intent(this, MainActivity::class.java))
        finish()
    }
}
```

1. 로딩 진행바를 나타낸다.
2. 구글 로그인을 요청하는 코드이다.
3. email_edittext, password_edittext 값이 비어 있지 않은지 Null 체크한다.
4. 이메일 아이디를 생성하는 코드이다.
5. 비밀번호가 6자리 이상이 아닐 경우 발생하는 메세지이다.
6. 에러도 발생 안 되고 아이디 생성도 안 됐을 경우 로그인를 실행한다.
7. 로그인 요청 후 결과 값이 호출되는 부분이다.
8. 로그인 성공 시 moveMainPage Function을 실행한다.
9. MainActivity로 이동하는 Function이다.

구글 로그인

두 번째는 구글 로그인 로직이다. 로그인 로직 중에 가장 편리하고 만들기 쉽다.

이메일 로그인은 이메일 패스워드 입력하기, 비밀번호 찾기, 이메일 인증하기, 비밀번호 바꾸기 부분을 직접 만들어줘야 하지만, 구글 로그인은 간단히 구글 로그인 버튼만 만들면 이런 나머지 추가 기능을 구현하지 않아도 되니 매우 편리하게 앱을 만들 수 있다.

물론 안드로이드 앱만 만드는 경우 구글 로그인만 넣는 것을 권하지만 만약 iOS 앱도 계획을 하고 있다면 이메일 로그인 부분을 넣어주어야 앱스토어 심사에서 반려되지 않는다.

LoginActivity.kt

```kotlin
class LoginActivity : AppCompatActivity() {

    // GoogleLogin 관리 클래스
    var googleSignInClient: GoogleSignInClient? = null


    //GoogleLogin
    val GOOGLE_LOGIN_CODE = 9001 ¹

    override fun onCreate(savedInstanceState: Bundle?) {
        super.onCreate(savedInstanceState)
        Twitter.initialize(this)
        setContentView(R.layout.activity_login)

        // Firebase 로그인 통합 관리하는 오브젝트 만들기
        auth = FirebaseAuth.getInstance()

        //구글 로그인 옵션
        var gso =
GoogleSignInOptions.Builder(GoogleSignInOptions.DEFAULT_SIGN_IN)
            .requestIdToken(getString(R.string.default_web_client_id))
```

```kotlin
                    .requestEmail()
                    .build() ²
        ...
        //구글 로그인 클래스를 만듬
        googleSignInClient = GoogleSignIn.getClient(this, gso) ³

        ...
        //구글 로그인 버튼 세팅
        google_sign_in_button.setOnClickListener { googleLogin() }

    }

    fun googleLogin() {
        progress_bar.visibility = View.VISIBLE
        var signInIntent = googleSignInClient?.signInIntent
        startActivityForResult(signInIntent, GOOGLE_LOGIN_CODE) ⁴
    }
    override fun onActivityResult(requestCode: Int, resultCode: Int, data: Intent) {
        super.onActivityResult(requestCode, resultCode, data)

        // 구글에서 승인된 정보를 가지고 오기
        if (requestCode == GOOGLE_LOGIN_CODE &&  resultCode ==
Activity.RESULT_OK) {

            val result =
Auth.GoogleSignInApi.getSignInResultFromIntent(data) ⁵
            if (result.isSuccess) {
                val account = result.signInAccount
                firebaseAuthWithGoogle(account!!) ⁶
            } else {
                progress_bar.visibility = View.GONE
            }
        }
    }

    fun firebaseAuthWithGoogle(account: GoogleSignInAccount) {
    val credential = GoogleAuthProvider.getCredential(account.idToken,
null) ⁷
    auth?.signInWithCredential(credential)
            ?.addOnCompleteListener { task -> ⁸
                progress_bar.visibility = View.GONE
                if (task.isSuccessful) {
                    //다음 페이지 호출
                    moveMainPage(auth?.currentUser) ⁹
                }
```

```
            }
    }

    fun moveMainPage(user: FirebaseUser?) {

            // User is signed in
            if (user != null) {
                Toast.makeText(this, getString(R.string.signin_complete),
    Toast.LENGTH_SHORT).show()
                startActivity(Intent(this, MainActivity::class.java)) ⁱⁿ
                finish()
                    }
        }
    }
```

1. onActivityResult에서 사용할 Google Login Request 코드이다.

2. 구글 API키 세팅 및 권한 요청을 설정하며 현재 이메일 주소만 요청하도록 코드가 만들어져 있다.

3. 실제로 구글 로그인을 관리하는 googleSigninClient을 생성한다.

4. 구글 로그인 Dialog창을 실행시킨다.

5. 구글 로그인에 성공했을 경우 result라는 변수를 생성해서 구글 로그인 정보를 담는다.

6. 구글 로그인 결과값을 account에 담아서 Firebase에 계정을 생성하는 Function인 firebaseAuthWithGoogle
에 넣는다.

7. GoogleLogin Token값을 Credentail로 변환한다.

8. Firebase에 Credentail값을 넘겨주어서 Firebase에 구글 아이디를 생성한다.

9. 로그인 성공 시 moveMainPage로 이동한다.

10. 로그인이 성공했을 경우 MainActivity로 이동한다.

페이스북 로그인

소셜 로그인 중에서 가장 많이 쓰이는 로그인은 페이스북 로그인이 아닐까 생각된다. 구글 로그인 같은 경우 안드로이드 단말기에서 가장 많이 쓰이지만, iOS 사용자 같은 경우 구글 로그인보다는 페이스북 로그인으로 소셜 로그인을 진행하는 경우가 많기 때문에 만약 안드로이드, iOS 플랫폼을 만든다면 무난한 소셜 로그인이 바로 페이스북 로그인이다.

LoginActivity.kt

```kotlin
override fun onCreate(savedInstanceState: Bundle?) {
        super.onCreate(savedInstanceState)
        setContentView(R.layout.activity_login)

        auth = FirebaseAuth.getInstance()

        //페이스북 로그인 세팅
        facebook_login_button.setOnClickListener { facebookLogin() }


    }


    override fun onActivityResult(requestCode: Int, resultCode: Int, data:
Intent) {
        super.onActivityResult(requestCode, resultCode, data)

        // 페이스북 SDK로 값 넘겨주기
        callbackManager?.onActivityResult(requestCode, resultCode, data) [1]

    }
    fun facebookLogin() {
```

```kotlin
        progress_bar.visibility = View.VISIBLE ²

        LoginManager.getInstance().logInWithReadPermissions(this,
Arrays.asList("public_profile", "email"))
        LoginManager.getInstance().registerCallback(callbackManager, object :
FacebookCallback<LoginResult> {
            override fun onSuccess(loginResult: LoginResult) {
                handleFacebookAccessToken(loginResult.accessToken) ³
            }

            override fun onCancel() {
                progress_bar.visibility = View.GONE ⁴
            }

            override fun onError(error: FacebookException) {
                progress_bar.visibility = View.GONE ⁵
            }
        })
    }

    // 페이스북 토큰을 Firebase로 넘겨주는 코드
    fun handleFacebookAccessToken(token: AccessToken) {
        val credential = FacebookAuthProvider.getCredential(token.token)
        auth?.signInWithCredential(credential)
                ?.addOnCompleteListener { task -> ⁶
                    progress_bar.visibility = View.GONE

            //다음 페이지 이동
            if (task.isSuccessful) {
                moveMainPage(auth?.currentUser) ⁷
            }
        }
    }
    fun moveMainPage(user: FirebaseUser?) {

        // User is signed in
        if (user != null) {
            Toast.makeText(this, getString(R.string.signin_complete),
Toast.LENGTH_SHORT).show()
            startActivity(Intent(this, MainActivity::class.java)) ⁸
            finish()
        }
    }
```

1. 구글 로그인 성공 결과값을 중간에 캐치해서 registerCallback의 FacebookCallback〈LoginResult〉 인터페이스로 넘겨주는 부분이다.
2. 페이스북 로그인을 요청했을 경우 로딩 진행바를 띄운다.
3. 로그인이 성공했을 경우 토큰을 handleFacebookAccessToken에게 넘겨준다.
4. 페이스북 로그인 요청을 취소했을 경우 로딩 진행바를 지운다.
5. 페이스북 로그인 에러가 발했을 경우 로딩 진행바를 지운다.
6. FaceBook Token을 Firebase로 넘겨 준 후에 결과 값이 호출되는 코드이다.
7. moveMainPage로 이동한다.
8. 로그인이 성공했을 경우 MainActivity로 이동한다.

트위터 로그인

구글 로그인, 페이스북 로그인 다음으로 많이 쓰이는 소셜 로그인이다.

LoginActivity.kt

```
class LoginActivity : AppCompatActivity() {
```

```kotlin
    // Firebase Authentication 관리 클래스
    var auth: FirebaseAuth? = null

    //TwitterLogin
    var twitterAuthClient: TwitterAuthClient? = null

    override fun onCreate(savedInstanceState: Bundle?) {
        super.onCreate(savedInstanceState)
        Twitter.initialize(this) 1
        setContentView(R.layout.activity_login)

        // Firebase 로그인 통합 관리하는 Object 만들기
        auth = FirebaseAuth.getInstance()


        //트위터 세팅
        twitterAuthClient = TwitterAuthClient() 2

        //트위터 로그인 세팅
        twitter_login_button.setOnClickListener { twitterLogin() }

}

    fun twitterLogin(){
        progress_bar.visibility = View.VISIBLE
55      twitterAuthClient?.authorize(this, object :
Callback<TwitterSession>() { 3
            override fun success(result: Result<TwitterSession>?) {
                val credential = TwitterAuthProvider.getCredential(
                        result?.data?.authToken?.token!!,
                        result?.data?.authToken?.secret!!) 4
                auth?.signInWithCredential(credential)?.addOnCompleteListener
{ task -> 5
                    progress_bar.visibility = View.GONE
                    //다음 페이지 이동
                    if (task.isSuccessful) {
                        moveMainPage(auth?.currentUser) 6
                    }
                }
}

            override fun failure(exception: TwitterException?) {

            }
```

```
        })
}

// Facebook 토큰을 Firebase로 넘겨주는 코드

 override fun onActivityResult(requestCode: Int, resultCode:
Int, data: Intent) {
        super.onActivityResult(requestCode, resultCode, data)
...

        //Twitter SDK로 값 넘겨주기
        twitterAuthClient?.onActivityResult(requestCode,
resultCode, data) ⁷
...
}
```

1. Twitter를 시작한다. Res/values/strings.xml에 com.twitter.sdk.android.CONSUMER_KEY, com. twitter.sdk.android.CONSUMER_SECRET값이 있을 경우 자동으로 API, Secret Key를 세팅한다.

2. 트위터 로그인을 관리하는 twitterAuthClient 생성 코드이다.

3. 트위터 로그인 요청을 위해서 트위터 WebView를 실행한다..

4. 로그인에 성공했을 경우 Token을 Credential로 생성하는 코드이다.

5. Firebase에 Credential를 넘겨주어서 Firebase에 트위터 계정을 생성한 결과값이 호출되는 부분이다.

6. moveMainPage로 이동한다.

7. WebView에서 로그인한 결과값을 중간에 캐치하는 부분인 witterAuthClient?.authorize(this, object : Callback⟨TwitterSession⟩()의 override fun success(result: Result⟨TwitterSession⟩?) 로 결과값을 넘겨주는 부분이다.

이 부분은 자동 로그인을 작동시키는 코드이다. 이 예제에는 자동 로그인 코드를 따로 작성하지 않아도 로그인이 되어 있을 경우 로그아웃을 하지 않는 이상 계속 자동 로그인되도록 설계되어 있다.

LoginActivity.kt

```
override fun onStart() { ¹
    super.onStart()
    //자동 로그인 설정
    moveMainPage(auth?.currentUser)
```

```
}
fun moveMainPage(user : FirebaseUser?){
    // User is signed in
    if (user != null) {
        Toast.makeText(this, getString(R.string.signin_complete),
Toast.LENGTH_SHORT).show()
        startActivity(Intent(this, MainActivity::class.java))
        finish()
    }
}
```

1. LoginActiviy가 시작됐을 경우 자동적으로 auth?.currentUser이 로그인 정보가 있는지 체크하는 코드
이다. auth?.currentUser에 데이터가 있을 경우 MainActivity로 이동하게 된다.

코드를 그대로 입력하게 되면 MainActivity가 존재하지 않는다는 에러가 발생한다.

```
startActivity(Intent(this, MainActivity::class.java))
```

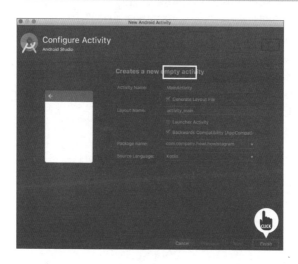

간단히 Activity 〉 Emtpy Activity로 이동해서 다음 화면을 표시해줄 MainActivity를
만들어주자.

Firebase 로그인 설정

https://console.firebase.google.com로 이동한다.

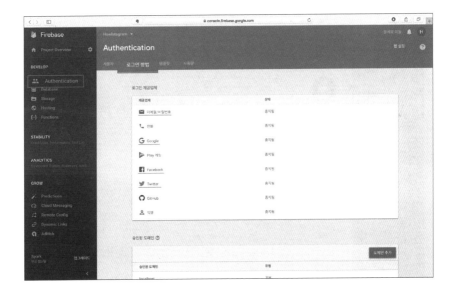

Android Studio와 Firebase가 제대로 연동이 되었는지 확인한 후 이메일, 구글, 페이스북, 트위터 로그인을 허가해주자.

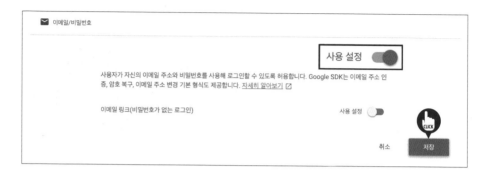

사용 설정에 체크하고 저장 버튼을 클릭한다.

구글 로그인 사용 설정

구글 로그인을 하기 위해서는 Firebase 콘솔이 SHA1 코드값을 가지고 있어야 한다. SHA1 키 값을 발급받는 방법을 모른다면 40페이지를 참고하자.

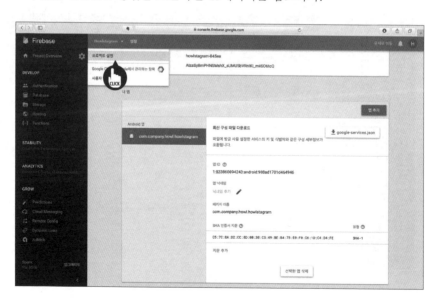

이쪽으로 이동하면 SHA1 안드로이드 앱이 추가되고 SHA1 인증서에 지문이 등록된 것을 볼 수가 있다. SHA1 인증서는 이 앱을 증명할 수 있는 주민등록증 같은 인증서이며 SHA1 키로 구글 로그인을 할 때 사용된다.

참고로 여기에 입력된 SHA1은 개발용 인증서이며 만약 앱을 출시할 경우 Product SHA1 키 값을 넣어주어야 한다.

페이스북 로그인 사용 설정

페이스북 로그인은 다른 로그인과 다르게 앱 ID와 앱 비밀번호를 입력해주어야 한다.

페이스북 로그인 연동은 이미 앞에서 설명이 되어 있기 때문에 핵심적인 설정 내용만 보고 넘어가도록 하겠다.

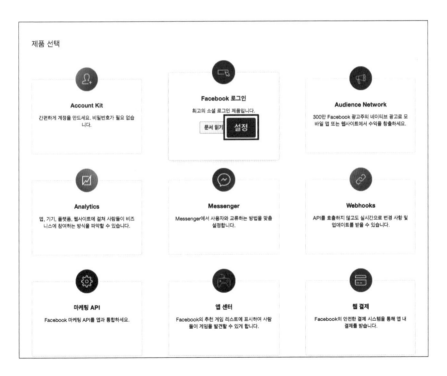

새 앱 ID 만들기

Facebook을 앱이나 웹사이트로 통합합니다

표시 이름

HowlPhotoApp

연락처 이메일

you6878@icloud.com

계속하면 Facebook 플랫폼 정책에 동의하는 것입니다   취소   앱 ID 만들기

만약 Howlstagram으로 생성할 경우 gram이라는 단어 때문에 생성되지 않으니 프로젝트
이름은 HowlPhotoApp으로 생성해주자.

제품 선택

Account Kit
간편하게 계정을 만드세요. 비밀번호가 필요 없습니다.

Facebook 로그인
최고의 소셜 로그인 제품입니다.
문서 읽기   설정

Audience Network
300만 Facebook 광고주의 네이티브 광고로 모바일 앱 또는 웹사이트에서 수익을 창출하세요.

Analytics
앱, 기기, 플랫폼, 웹사이트에 걸쳐 사람들이 비즈니스에 참여하는 방식을 파악할 수 있습니다.

Messenger
Messenger에서 사용자와 교류하는 방법을 맞춤 설정합니다.

Webhooks
API를 호출하지 않고도 실시간으로 변경 사항 및 업데이트를 받을 수 있습니다.

마케팅 API
Facebook 마케팅 API를 앱과 통합하세요.

앱 센터
Facebook의 추천 게임 리스트에 표시하여 사람들이 게임을 발견할 수 있게 합니다.

웹 결제
Facebook의 안전한 결제 시스템을 통해 앱 내 결제를 받습니다.

제품 추가 〉 Facebook 로그인 〉 설정으로 이동한다.

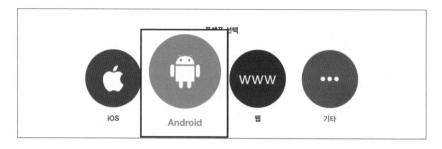

플랫폼 선택

플렛폼에서 Android를 선택한다.

1. 페이스북 프로젝트 설정 1단계

안드로이드로 이동하면 화면 페이지가 나오게 되는데 따로 Facebook SDK를 받을 필요가 없으니 다음 페이지로 넘어가자.

2. 페이스북 프로젝트 설정 2단계

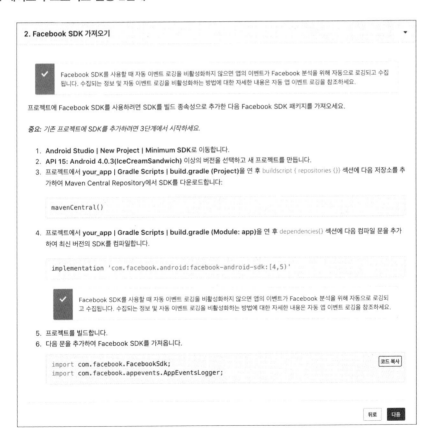

이미 앞에서 세팅을 해주었으니 그대로 진행하자.

3. 페이스북 프로젝트 설정 3단계

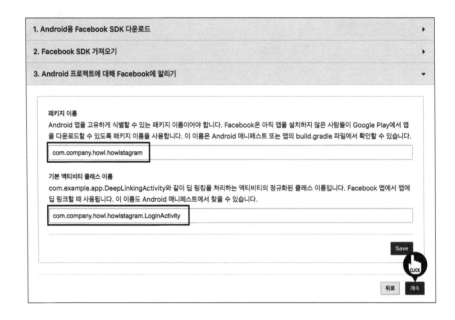

사실 이 부분은 앞에서도 다룬 부분이기 때문에 자세히 설명하지는 않겠다. 패키지 이름
은 자신이 만든 프로젝트 이름을 넣어주고. 로그인을 진행하는 Activity 이름을 넣고 진
행하자.

Save를 할 때 GooglePlay에 존재하지 않는 패키지 이름이 뜨는 것을 볼 수 있는데 이것
도 앞에서 설명을 했으니 무시하고 다음으로 넘어가자.

4. 페이스북 프로젝트 설정 4단계

안드로이드 앱이 페이스북 개발자 사이트에 등록되기 위해서는 앱에 대한 해시 값(인증서)이 있어야 한다. 페키지 이름만으로는 페이스북 로그인 개발 앱 등록이 되지 않는다. 왜냐하면 중복된 페이지 이름의 앱이 등록될 수 있기 때문이다. 즉 이 앱에 인증서 SHA1 키를 해시(암호화)시켜서 등록하면 페이스북은 손쉽게 이 앱을 누가 만들었는지 알 수가 있다.

① 맥OS 등록 방법

맥OS용 Keytool 코드인 "keytool –exportcert -alias androiddebugkey -keystore ~/.android/debug.keystore | openssl sha1 –binary | openssl base64"을 입력해주면 된다.

```
~/androidStudioProjects/HowlBookInit>keytool -exportcert -alias androiddebugkey
-keystore ~/.android/debug.keystore | openssl sha1 -binary | openssl base64
키 저장소 비밀번호 입력 :
**************** WARNING WARNING WARNING ****************
* 키 저장소에 저장된 정보의 무결성이 *
* 확인되지 않았습니다! 무결성을 확인하려면, *
* 키 저장소 비밀번호를 제공해야 합니다.              *
**************** WARNING WARNING WARNING ****************

Warning:
JKS 키 저장소는 고유 형식을 사용합니다. "keytool -importkeystore -srckeystore /User/
myeognsic/.android/debug.keystore -destkeystore /Users/myeongsic/.android/debug.
keystore -deststoretype pkcs형식인 PKCS12로 인정하는 것이 좋습니다.
xXyK0syNCzDFSb60c+Dwxh3E1p4=
```

② 윈도우 등록 방법

윈도우 키를 등록하기 전에 keytool 환경 변수와 SSL를 사전에 설정해주기 위해서는 51Page ~ 55Page를 참고하자 .

```
keytool -exportcert -alias androiddebugkey -keystore
"C:\Users\USERNAME\.android\debug.keystore" |
"PATH_TO_OPENSSL_LIBRARY\bin\openssl" sha1 -binary |
"PATH_TO_OPENSSL_LIBRARY\bin\openssl" base64
```

일단 페이스북의 원본 코드는 이것이다.

```
keytool -exportcert -alias androiddebugkey -keystore
"C:\Users\myeongsic\.android\debug.keystore" | "C:\SSL\bin\openssl" sha1 -binary |
"C:\SSL\bin\openssl" base64
```

여기 있는 USERNAME값과 PATH_TO_OPENSSL_LIBRARY값을 직접 자신의 값에 맞게 수정한 후에 코드를 입력하면 된다.

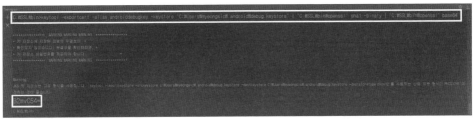

C:\SSL\bin>keytool -exportcert -alias androidkey - key "C:\Users\myeongsic\.anroid\debug.keystore" | "C:\SSL\bin\openssl" sha1 -binary | "C:\SSL\bin\openssl" base 64

키 저장소 비밀번호 입력 :
*************** WARNING WARNING WARNING ****************
* 키 저장소에 저장된 정보의 무결성이 *
* 확인되지 않았습니다! 무결성을 확인하려면, *
* 키 저장소 비밀번호를 제공해야 합니다. *
*************** WARNING WARNING WARNING ****************

Warning:
JKS 키 저장소는 고유 형식을 사용합니다. "keytool -importkeystore -srckeystore C:\Users\myeongsic\.android\debug.keystore -destkeystore C:\Users\myeongsic\.android\debug.keystore -deststoretype pkcs12"를 사용하는 산업 표준 형식인 PKC12로 이전하시는 것이 좋습니다.
B2mvC54=

키 해시 값을 넣어주고 Save 클릭 후 계속을 클릭하여 다음 프로세서로 넘어가자.

5. 페이스북 프로젝트 설정 5단계

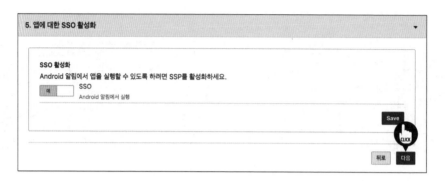

SSO(Single Sign On)는 한 번의 인증 과정으로 스마트폰에 여러 자원을 이용 가능하게 하는 인증 기능이다. 싱글 사인 온, 단일 계정 로그인, 단일 인증이라고 말하며 페이스북 앱에 로그인한 상태이면 SSO를 통해 다른 모바일 어플리케이션에 쉽게 로그인할 수 있다. 이 기능을 활성화시켜주고 Save를 클릭하자.

물론 스마트폰의 보안을 위해서 SSO를 사용하고 싶지 않을 경우 허가해주지 않아도 된다. 물론 허가를 해주지 않는다고 해서 페이스북 로그인 기능이 작동하지 않는 것은 아니다.

6. 페이스북 프로젝트 설정 6단계

페이스북 앱 ID를 입력한다.

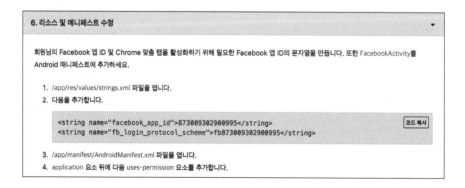

Res - Values - strings.xml

```xml
<resources>
    <string name="app_name">Howlstagram</string>
    <string name="facebook_app_id">페이스북 앱 ID를 넣을 예정 </string>
    <string name="fb_login_protocol_scheme"> 페이스북 앱 ID를 넣을 예정 </string>
...
</resources>
```

페이스북 홈페이지 안내의 '2. 다음을 추가합니다' 항목에 있는 facebook_app_id, fb_
login_protocol_scheme값을 strings.xml에 넣어준다.

Res - Values - strings.xml

```xml
<resources>
    <string name="app_name">Howlstagram</string>
    <string name="facebook_app_id">873009302900995</string>
    <string name="fb_login_protocol_scheme">fb873009302900995</string>
...
    </resources>
```

여기서 중요한 점으로 책에 있는 873009302900995, fb873009302900995 코드를 넣지
말고 자신의 facebook_app_id 값을 넣어주기 바란다.

159

7. 인터넷 권한 주기

인터넷 권한을 넣어주어야 WebView가 페이스북 로그인을 실행할 수 있다. 페이스북 홈페이지 안내의 4, 5번째 항목의 값을 Android Manifest에 넣어준다.

AndroidManifest.xml

```xml
<?xml version="1.0" encoding="utf-8"?>
<manifest xmlns:android="http://schemas.android.com/apk/res/android"
    package="com.company.howl.howlstagram">

  <!-- 인터넷 퍼미션 설정값 -->
  <uses-permission android:name="android.permission.INTERNET"/>
  <application

      android:allowBackup="true"
      android:icon="@mipmap/ic_launcher"
      android:label="@string/app_name"
      android:roundIcon="@mipmap/ic_launcher_round"
      android:supportsRtl="true"
      android:theme="@style/AppTheme">
      <activity android:name=".LoginActivity">
          <intent-filter>
              <action android:name="android.intent.action.MAIN" />
              <category android:name="android.intent.category.LAUNCHER" />
          </intent-filter>
      </activity>
      <activity android:name=".MainActivity"></activity>

      <!-- 페이스북 로그인 웹뷰 액티비티 설정값 -->
      <meta-data android:name="com.facebook.sdk.ApplicationId"
          android:value="@string/facebook_app_id"/>
      <activity android:name="com.facebook.FacebookActivity"
          android:configChanges=
              "keyboard|keyboardHidden|screenLayout|screenSize|orientation"
          android:label="@string/app_name" />
      <activity
          android:name="com.facebook.CustomTabActivity"
          android:exported="true">
          <intent-filter>
              <action android:name="android.intent.action.VIEW" />
              <category android:name="android.intent.category.DEFAULT" />
              <category android:name="android.intent.category.BROWSABLE" />
```

```
            <data android:scheme="@string/fb_login_protocol_scheme" />
        </intent-filter>

    </activity>

    </application>
</manifest>
```

Firebase와 페이스북 개발자 프로젝트를 연동

보통 페이스북 로그인이 성공하면 페이스북에서는 암호화된 토큰을 넘겨주게 된다. 하지만 이 암호화된 토큰은 Firebase가 바로 풀 수가 없으므로 페이스북의 AppId와 Secret Code를 가져와서 풀어줘야 한다.

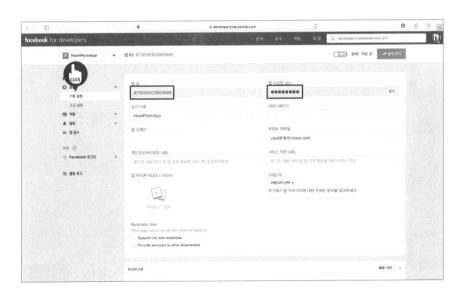

Firebase 페이스북 인증에 AppId와 Secret Code를 넣어준다.

앱 아이디와 앱 비밀번호를 입력한 후 저장을 클릭하자.

다음으로 페이스북 개발자 사이트에 Firebase 리디렉션 URL를 넣어준다.

리디렉션 값을 복사하자.

162

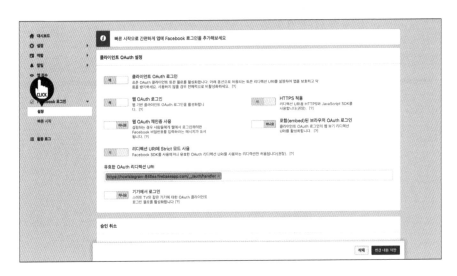

복사를 한 리디렉션 값을 유효한 OAuth 리디렉션 URL에 넣어주고 변경 사항을 저장하자. 이렇게 입력하면 Firebase와 페이스북 개발자 프로젝트 연동이 완료된다.

트위터 로그인 사용 설정

안드로이드에서 모든 설정이 끝났으면 Firebase와 트위터 개발자 사이트에서 설정을 해주어야 회원 가입을 할 때 정상적으로 트위터 아이디가 Firebase로 이동하게 된다. 일단

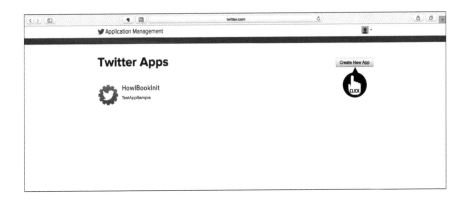

트위터 앱을 추가해주기 위해서 https://apps.twitter.com로 이동한다.

이쪽으로 이동한 후에 트위터 전용 앱을 만들어주자.

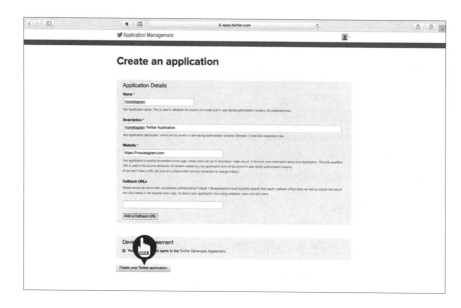

명칭	사용 기능
Name	Howlstagram
Description	Howlstagram Twitter Application
Website	https://howlstagram.com

이렇게 입력한다. Name Twiiter 앱에서 사용할 이름을 넣어주면 되며 Description은 설명, Website는 실제 앱과 관련된 홈페이지 주소를 넣어주면 된다. 하지만 Website가 없다면 임의로 주소값을 넣어주자.

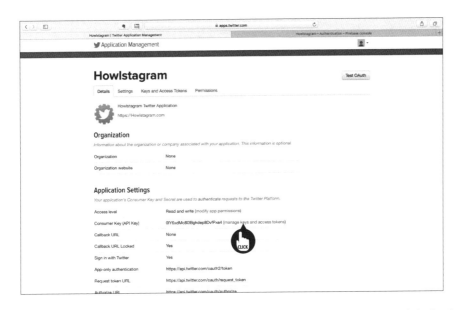

manage keys and access tokens을 클릭하면 Custom Key와 Secret Key를 받을 수 있다.

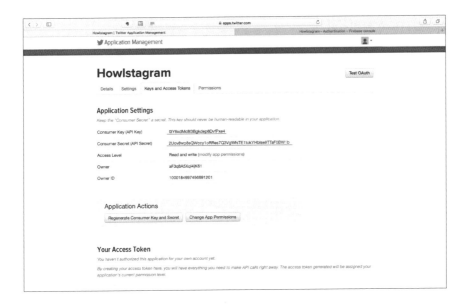

Custom Key와 Secret Key 값을 복사하자.

Firebase 콘솔(https://console.firebase.google.com)에서 Howlstagram 프로젝트로 이동한 다음에 Authentication > 로그인 방법 > Twitter로 들어가 API 키와 API 비밀번호(Secret)를 입력해주자.

Privacy Policy URL

https://Howlstagram.com

The URL for your application or service's privacy policy. The URL will be shared with users authorizing this applicat

Terms of Service URL

https://Howlstagram.com

The URL for your application or service's terms of service. The URL will be shared with users authorizing this applic

□ Enable Callback Locking (It is recommended to enable callback locking to ensure apps cannot overwrite the cal
☑ Allow this application to be used to Sign in with Twitter

Organization

Organization name

The organization or company behind this application, if any.

Organization website

The organization or company behind this application's web page, if any.

Update Settings

여기서 Privacy Policy URL, Terms of Service URL값을 넣어준다.

만약 보안 정책이나 서비스 약관 주소가 없을 경우 임의로 값을 넣은 후 Enable Callback Locking 체크를 해제하고 진행하면 WebView 로그인을 하게 되며 트위터 앱이 설치되지 않는 사람도 로그인이 가능하다. Enable Callback Locking 기능을 사용할 경우 트위터 앱이 설치되지 않은 사람은 로그인을 진행할 수 없다.

그 다음으로 Permissions의 Additional permissions로 이동한 후 Request Email Addresses from users를 체크해주자. 체크를 해줘야만 트위터 토큰을 받아올 때 이메일도 같이 받아올 수 있다.

res/values/strings.xml

```
<resources>
    <string name="app_name">HowlBookInit</string>
    ...
    <string name="com.twitter.sdk.android.CONSUMER_KEY">0lY6xdMc8l3Bgkdep8DvfPxe4</
string>
    <string name="com.twitter.sdk.android.CONSUMER_SECRET"> 2Uov8wp8sQWccy1oRRes7Q3
```

```
VgWfsTE1tokYHblse9TTaF0BW1b
  </string>
    ...
  </resources>
```

이동한 후 com.twitter.sdk.android.CONSUMER_KEY값 안에 API Key값을, com.
twitter.sdk.android.CONSUMER_SECRET값 안에 Secret Key 값을 넣어주면 된다.

그럼 이제 이메일, 구글 로그인, 페이스북 로그인이 정상 작동하는지 살펴보자.

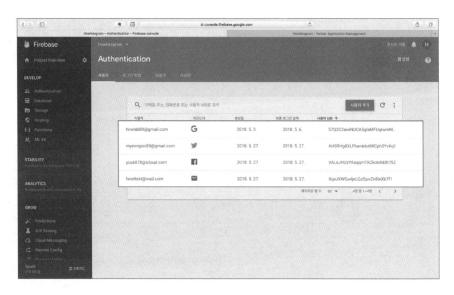

일일이 각각의 플랫폼에 회원 가입해보면 로그인별로 회원 가입이 되는 것을 확인할 수가
있다. 아직까지 로그아웃 버튼을 만들지 않아서 앱을 삭제하고 다시 빌드하면서 회원 가
입 테스트를 진행하자.

MainActivity 만들기

메뉴 생성하기

먼저 메뉴 화면을 만들자. 레이아웃을 만들기 전에 bottom_navigation에 들어갈 메뉴를 만들어주자.

Res 〉 Menu 〉 bottom_navigation_main.xml를 생성한다.

레이아웃 만들기

메인 화면에 하단에 들어가는 탭바의 메뉴를 만드는 코드를 살펴보자. MainActivity 하단의 네비게이션 버튼을 설정하는 메뉴 xml이다.

bottom_navigation_main.xml

```xml
<?xml version="1.0" encoding="utf-8"?>
<menu xmlns:android="http://schemas.android.com/apk/res/android">
    <item
        android:id="@+id/action_home"
        android:enabled="true"
        android:icon="@drawable/ic_home"
        android:title="@string/home" />  1
    <item
        android:id="@+id/action_search"
        android:enabled="true"
        android:icon="@drawable/ic_search"
        android:title="@string/search" />  2
    <item
        android:id="@+id/action_add_photo"
        android:enabled="true"
        android:icon="@drawable/ic_add_a_photo"
        android:title="@string/gallery" />  3
    <item
        android:id="@+id/action_favorite_alarm"
        android:enabled="true"
        android:icon="@drawable/ic_favorite_border"
        android:title="@string/favorite" />  4
    <item
        android:id="@+id/action_account"
        android:enabled="true"
        android:icon="@drawable/ic_account"
        android:title="@string/account" />  5
</menu>
```

1. 홈 메뉴
2. 전체 사진 메뉴
3. 사진 올리기 메뉴
4. 알림 메뉴
5. 계정 정보 메뉴

170

총 5개의 메뉴로 홈 버튼, 검색 버튼, 사진 추가 버튼, 알림 버튼, 계정 버튼이 만들어진 것을 볼 수가 있다. 다음은 MainActivity를 전체적으로 디자인하는 xml 코드이다.

activity_main.xml

```xml
<?xml version="1.0" encoding="utf-8"?>
<RelativeLayout xmlns:android="http://schemas.android.com/apk/res/android"
    xmlns:app="http://schemas.android.com/apk/res-auto"
    android:layout_width="match_parent"
    android:layout_height="match_parent">

    <!-- Toolbar -->
    <android.support.v7.widget.Toolbar
        android:id="@+id/my_toolbar"
        android:layout_width="match_parent"
        android:layout_height="35dp"
        android:layout_alignParentTop="true"> ¹

        <RelativeLayout
            android:layout_width="match_parent"
            android:layout_height="match_parent">

            <ImageView
                android:id="@+id/toolbar_title_image"
                android:layout_width="wrap_content"
                android:layout_height="match_parent"
                android:layout_centerInParent="true"
                android:layout_margin="3dp"
                android:src="@drawable/logo_title" /> ²

            <ImageView
                android:id="@+id/toolbar_btn_back"
                android:layout_width="35dp"
                android:layout_height="35dp"
                android:layout_alignParentStart="true"
                android:layout_centerVertical="true"
                android:layout_marginEnd="22dp"
                android:src="@drawable/ic_arrow_back" /> ³

            <TextView
                android:id="@+id/toolbar_username"
                tools:text="stack.07142"
                android:layout_width="wrap_content"
```

```xml
            android:layout_height="match_parent"
            android:layout_centerVertical="true"
            android:layout_toEndOf="@id/toolbar_btn_back"

            android:gravity="center"
            android:textColor="@color/colorNavIcon"
            android:textSize="16sp"
            android:visibility="gone" />⁴
    </RelativeLayout>
</android.support.v7.widget.Toolbar>


<!--툴바와 중앙 화면을 나누는 선-->
<LinearLayout
    android:id="@+id/toolbar_division"
    android:layout_width="match_parent"
    android:layout_height="1dp"
    android:layout_below="@id/my_toolbar"
    android:background="@color/colorDivision"
    android:orientation="horizontal" />

<!-- ProgressBar -->
<ProgressBar
    android:id="@+id/progress_bar"
    android:layout_width="wrap_content"
    android:layout_height="wrap_content"
    android:layout_centerInParent="true"
    android:visibility="gone" />⁵

<!-- 중앙 화면 -->
<FrameLayout
    android:id="@+id/main_content"
    android:layout_width="match_parent"

    android:layout_height="match_parent"
    android:layout_above="@id/bottom_navigation"
    android:layout_below="@id/toolbar_division" />⁶
<!-- 중앙 화면과 Bottom Navigation View 나누는 선-->
<LinearLayout
    android:id="@+id/nav_division"
    android:layout_width="match_parent"
    android:layout_height="1dp"
    android:layout_above="@id/bottom_navigation"
    android:background="@color/colorDivision"
```

```
            android:orientation="horizontal" />

    <!-- Bottom Navigation View -->
    <android.support.design.widget.BottomNavigationView
        android:id="@+id/bottom_navigation"

        android:layout_width="match_parent"
        android:layout_height="wrap_content"
        android:layout_alignParentBottom="true"
        app:itemBackground="@color/colorPrimary"
        app:itemIconTint="@color/colorNavIcon"
        app:itemTextColor="@color/colorNavIcon"
        app:menu="@menu/bottom_navigation_main" /> 7
</RelativeLayout>
```

1. 상단 툴바 코드
2. 상단 툴바 안에 있는 Howlstram 로고 이미지
3. 툴바 뒤로 가기 키
4. 툴바 안에 있는 유저 아이디
5. 화면 로딩 Progress Bar
6. 화면 중앙 콘텐츠를 보여주는 FrameLayout
7. 화면 하단 탭 버튼

Fragment와 Activity 만들기

메인 Activity에서 버튼을 클릭하여 이동 화면을 만들고, V4 버전의 Fragment 4개와 Activity를 만들어주자. 다음 표에 각자 Fragment와 Activity가 무슨 기능을 하는지 간단히 정리해놓았으니 참고하길 바란다.

명칭	사용 목적
AddPhotoActivity	사진을 올리는 Activity
AlertFragment	좋아요, 덧글 이벤트 알림을 보여주는 Fragment
DetailviewFragment	사진의 상세 정보를 볼 수 있는 리스트 Fragment
GrideFragment	사진이 격자 리스트로 나오는 Fragment
UserFragment	유저에 대한 상세 페이지로 팔로잉 또는 로그아웃과 그리고 프로필 사진을 올리는 Fragment

준비하기

표에 나와 있는 Fragment들과 Activity를 만들고 시작을 하자. 일단 간단히 AddPhotoActivity 같은 경우 Empty Activity로, Fragment는 간단히 v4.Fragment로 만들어주자.

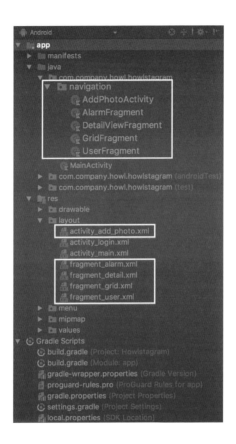

그런 다음 MainActivity 코드에는 각 페이지를 이동하는 코드와 스토리지 접근 권한을 요청할 것이다. 사진을 올릴 때 앨범에 접근하기 위한 스토리지 접근 권한이 있어야 하기 때문이다.

AndroidManifest.xml

```xml
<?xml version="1.0" encoding="utf-8"?>
<manifest xmlns:android="http://schemas.android.com/apk/res/android"
    package="com.company.howl.howlstagram">
…
    <!-- 스토리지 접근 권한 -->
    <uses-permission android:name="android.permission.READ_EXTERNAL_STORAGE" />
…
</manifest>
```

전체 코드

생각보다 MainActivity라는 부분이 코드가 적어서 놀랐을 것이다. MainActivity는 이름
과 다르게 간단히 각각의 Fragment를 연결시켜주는 허브로서 코드가 간단하게 구현되
어 있다.

일단 하단의 네비게이션바의 아이템에 각각 어떤 Fragment로 이동할지 지정해주고 앨범에
접근할 수 있는 권한 요청 코드를 넣어 다음 예제에서 사진을 쉽게 올릴 수 있도록 하자.

MainAcitivity.kt

```kotlin
class MainActivity : AppCompatActivity(), BottomNavigationView.OnNavigationItemSele
ctedListener {
    override fun onCreate(savedInstanceState: Bundle?) {
        super.onCreate(savedInstanceState)
        setContentView(R.layout.activity_main)

        progress_bar.visibility = View.VISIBLE ¹

        // Bottom Navigation View
        bottom_navigation.setOnNavigationItemSelectedListener(this)
        bottom_navigation.selectedItemId = R.id.action_home ²

        // 스토리지 접근 권한 요청
        ActivityCompat.requestPermissions(this,
arrayOf(Manifest.permission.READ_EXTERNAL_STORAGE), 1)
    }
    fun setToolbarDefault() { ³
        toolbar_title_image.visibility = View.VISIBLE
        toolbar_btn_back.visibility = View.GONE
```

```kotlin
            toolbar_username.visibility = View.GONE
    }
    override fun onNavigationItemSelected(item: MenuItem): Boolean { ⁴
        setToolbarDefault()
        when (item.itemId) {
            R.id.action_home -> {
                val detailViewFragment = DetailViewFragment()
                supportFragmentManager.beginTransaction()
                        .replace(R.id.main_content, detailViewFragment)
                        .commit() ⁵

                return true
            }
            R.id.action_search -> {
                val gridFragment = GridFragment()
                supportFragmentManager
                        .beginTransaction()
                        .replace(R.id.main_content, gridFragment)
                        .commit() ⁶
                return true
            }
            R.id.action_add_photo -> {
                if (ContextCompat.checkSelfPermission(this,
Manifest.permission.READ_EXTERNAL_STORAGE) ==
PackageManager.PERMISSION_GRANTED) { ⁷
                    startActivity(Intent(this, AddPhotoActivity::class.java))
                } else {
                Toast.makeText(this, "스토리지 읽기 권한이 없습니다.",
Toast.LENGTH_LONG).show()
                }
                return true
            }
            R.id.action_favorite_alarm -> {
                val alarmFragment = AlarmFragment()
                supportFragmentManager
                        .beginTransaction()

    .replace(R.id.main_content, alarmFragment)

            .commit() ⁸
                return true
            }
            R.id.action_account -> {
                val userFragment = UserFragment()
                val uid = FirebaseAuth.getInstance().currentUser!!.uid
```

```
            val bundle = Bundle()

            bundle.putString("destinationUid", uid)
            userFragment.arguments = bundle
            supportFragmentManager.beginTransaction()
                    .replace(R.id.main_content, userFragment)
                    .commit()  9
            return true
        }
    }
    return false
  }
}
```

1. 로딩 바(ProgressBar)를 작동시킨다.

2. 페이지 시작 시 R.id.action_home 버튼이 작동하도록 설정한다.

3. 다음 이미지에서 UserFragment을 사용할 때 툴바, 뒤로가기 버튼과 유저 이메일 타이틀을 숨기는 기능을 말한다. 나중에 UserFragment를 제작할 때 다시 한 번 언급하도록 하겠다.

4. 내비게이션 버튼 이벤트를 발생시킬 수 있도록 설정하는 부분이다.

5. R.idaction_home 클릭 시 DetatilViewFragment로 이동한다.

6. R.id.action_search 클릭 시 GridFragment로 이동한다.

7. ContextCompat.checkSelfPermission를 통해서 Read_External_Storage 권한이 있을 경우
   AddPhotoActivity::Class.java를 실행한다.

8. R.id.action_favorite_alarm 클릭 시 AlarmFragment()로 이동한다.

9. R.id.action_account 클릭 시 UserFragment()로 이동한다.

DetailViewFragment 만들기

이와 같이 화면 가운데 리스트처럼 사진들이 있는 앱 디자인을 만들어보자. 일단 이렇게 구성하기 위해서는 리스트로 사용할 수 있는 RecyclerView가 있어야 된다. Framgnet_detail.xml에 Recyclerview를 넣어주고 그 다음으로 item_detail.xml 파일을 만들어서 RecyclerView에 들어갈 수 있는 아이템들을 만들어보자.

레이아웃

fragment_detail.xml

```xml
<?xml version="1.0" encoding="utf-8"?>
<LinearLayout xmlns:android="http://schemas.android.com/apk/res/android"
    android:layout_width="match_parent"
    android:layout_height="match_parent"
    android:orientation="vertical">
    <android.support.v7.widget.RecyclerView
        android:id="@+id/detailviewfragment_recyclerview"
        android:layout_width="match_parent"
        android:layout_height="match_parent" /> [1]
</LinearLayout>
```

[1] DetailFragment에 사용할 RecylcerView를 만들어주자.

Recyclerview에 들어갈 아이템을 만들어주자.

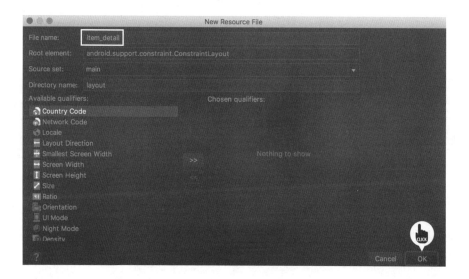

item_detail.xml를 생성해주자.

item_detail.xml

```xml
<?xml version="1.0" encoding="utf-8"?>
<LinearLayout xmlns:android="http://schemas.android.com/apk/res/android"

xmlns:app="http://schemas.android.com/apk/res-auto"
    xmlns:tools="http://schemas.android.com/tools"
    android:layout_width="match_parent"
    android:layout_height="wrap_content"
    android:orientation="vertical">
    <!-- Title Layout -->
    <LinearLayout
        android:layout_width="match_parent"
        android:layout_height="50dp"
        android:gravity="center_vertical"
        android:orientation="horizontal">
        <ImageView
            android:id="@+id/detailviewitem_profile_image"
            android:layout_width="35dp"
            android:layout_height="35dp"
            android:layout_margin="7.5dp"
            tools:src="@mipmap/ic_launcher" /> ¹
        <TextView
            android:id="@+id/detailviewitem_profile_textview"
            android:layout_width="wrap_content"
            android:layout_height="wrap_content"
            tools:text="User Name" /> ²
    </LinearLayout>
    <!-- Content ImageView -->
    <ImageView
        android:id="@+id/detailviewitem_imageview_content"
        android:layout_width="match_parent"
        android:layout_height="250dp"
        android:scaleType="fitXY"
        android:src="@color/com_facebook_blue" /> ³

    <!-- favorite & comment -->
    <LinearLayout
        android:layout_width="match_parent"
        android:layout_height="50dp"
        android:layout_marginLeft="8dp">
        <ImageView
            android:id="@+id/detailviewitem_favorite_imageview"
            android:layout_width="35dp"
```

```
            android:layout_height="35dp"
            app:srcCompat="@drawable/ic_favorite_border" />  4
        <ImageView
            android:id="@+id/detailviewitem_comment_imageview"
            android:layout_width="35dp"
            android:layout_height="35dp"
            android:src="@drawable/ic_chat_black" />  5
    </LinearLayout>
    <TextView
        android:id="@+id/detailviewitem_favoritecounter_textview"
        android:layout_width="wrap_content"
        android:layout_height="wrap_content"
        android:layout_marginLeft="8dp"
        tools:text="좋아요 0개" />  6
    <TextView
        android:id="@+id/detailviewitem_explain_textview"
        android:layout_width="match_parent"
        android:layout_height="wrap_content"
        android:layout_marginBottom="35dp"
        android:layout_marginLeft="8dp"
        tools:text="사진 내용" />  7
</LinearLayout>
```

1. 프로필 사진 이미지뷰
2. 프로필 아이디 텍스트뷰
3. 콘텐츠 사진을 나타내는 이미지뷰
4. 좋아요 버튼을 나타내는 이미지뷰
5. 말풍선을 나타내는 이미지뷰
6. 좋아요 갯수를 나타내는 텍스트뷰
7. 사진의 내용을 나타내는 텍스트뷰

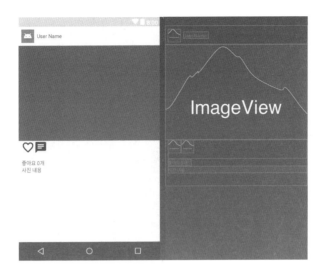

데이터 모델

RecyclerView 아이템에서 사용할 데이터 모델을 만들어보자. 유저 이름, 이미지 주소, 좋아요 여부, 좋아요 갯수, 코멘트, 사진 내용 등 이런 모든 것들을 담을 수 있는 모델을 만들게 될 것이다.

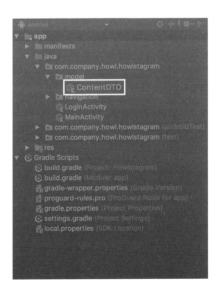

일단 첫번째 model 패키지를 만들고 ContentDTO 코틀린 클래스를 생성한 후에 Data Class를 생성하자.

ContentDTO.kt

```kotlin
data class ContentDTO(var explain: String? = null,
                      var imageUrl: String? = null,
                      var uid: String? = null,
                      var userId: String? = null,
                      var timestamp: Long? = null,
                      var favoriteCount: Int = 0,
                      var favorites: Map<String, Boolean> = HashMap) {

    data class Comment(var uid: String? = null,
                       var userId: String? = null,
                       var comment: String? = null,
                       var timestamp: Long? = null)
}
```

데이터 모델을 입력해주자. 여기서 중요한 점으로 FavoriteCount 값이 0인 것을 볼 수가 있다. 나중에 좋아요 버튼 이벤트를 실행할 때 null에서 시작하게 되면 코드가 복잡해지므로 간단히 초기값을 0으로 넣고 시작하는 것이다.

명칭	사용 목적
imageUrl	이미지 다운로드 주소
uid	이미지 올린 아이디 UID
userId	이미지 올린 유저 아이디
timestamp	이미지 올린 시간 UnixTime
favoriteCount	좋아요 카운터
favorities	좋아요 한 유저들의 UID

명칭	사용 목적
uid	댓글 단 유저 UID
userId	댓글 단 유저의 아이디
comment	코멘트 내용
timestamp	코멘트 단 시간

여기서 이미지 com.github.bumptech.glide:glide:4.0.0가 중요한데 그 이유는 이 라이브러리가 사진 다운로드, 저장, 캐싱 관리를 모두 해주기 때문이다. 즉 손 안대고 이미지를 가져와서 관리할 수 있도록 도와주는 라이브러리이다.

build.gradle(Module: app)

```
dependencies {
...
    //Firebase Firestore 데이터베이스
    implementation 'com.google.firebase:firebase-firestore:12.0.0'
    //이미지 로더 라이브러리
    implementation 'com.github.bumptech.glide:glide:4.0.0'
...
}
```

전체 코드

DetailViewFragment 사진의 좋아요 개수, 댓글, 사진을 올린 사람, 사진에 대한 소개 정보를 볼 수 있는 부분이다. 생각보다 많이 복잡하지 않으니 살펴보자. 먼저 전체적인 코드를 살펴보고 부분적으로 어떤 코드가 어떻게 쓰였는지 살펴보도록 하자.

DetailViewFragment.kt

```
class DetailViewFragment : Fragment() {

    var user: FirebaseUser? = null
    var firestore: FirebaseFirestore? = null
    var imagesSnapshot: ListenerRegistration? = null
    var mainView : View? = null
```

```kotlin
    override fun onCreateView(inflater: LayoutInflater, container: ViewGroup?,
savedInstanceState: Bundle?): View? {

        user = FirebaseAuth.getInstance().currentUser
        firestore = FirebaseFirestore.getInstance()

        //RecyclerView와 어댑터를 연결
        mainView = inflater.inflate(R.layout.fragment_detail, container, false)


        return mainView
    }

    override fun onResume() {
        super.onResume()
            mainView?.detailviewfragment_recyclerview?.layoutManager =
LinearLayoutManager(activity) ¹
            mainView?.detailviewfragment_recyclerview?.adapter =
DetailRecyclerViewAdapter()
        var mainActivity = activity as MainActivity
        mainActivity.progress_bar.visibility = View.INVISIBLE ²

    }
    override fun onStop() {
        super.onStop()
        imagesSnapshot?.remove() ³
    }


    inner class DetailRecyclerViewAdapter : RecyclerView.Adapter<RecyclerView.
ViewHolder>() {

        val contentDTOs: ArrayList<ContentDTO>
        val contentUidList: ArrayList<String>

        init {
            contentDTOs = ArrayList()
            contentUidList = ArrayList()
            var uid = FirebaseAuth.getInstance().currentUser?.uid
            firestore?.collection("users")?.document(uid!!)?.get()?.
addOnCompleteListener { task ->
                if (task.isSuccessful) {
                    var userDTO = task.result.toObject(FollowDTO::class.java)
                    if (userDTO?.followings != null) {
                        getCotents(userDTO?.followings)
```

```kotlin
                }
            }
        }
    }

    fun getCotents(followers: MutableMap<String, Boolean>?) {
        imagesSnapshot = firestore?.collection("images")?.orderBy("timestamp")?.
addSnapshotListener { querySnapshot, firebaseFirestoreException -> [4]
            contentDTOs.clear()
            contentUidList.clear()
            if(querySnapshot == null) return@addSnapshotListener [5]
            for (snapshot in querySnapshot!!.documents) {
                var item = snapshot.toObject(ContentDTO::class.java)!!
                println(item.uid)
                if (followers?.keys?.contains(item.uid)!!) {
                    contentDTOs.add(item) [6]
                    contentUidList.add(snapshot.id) [7]
                }
            }
            notifyDataSetChanged() [8]
        }
    }


    override fun onCreateViewHolder(parent: ViewGroup, viewType: Int):
RecyclerView.ViewHolder {

        val view = LayoutInflater.from(parent.context).inflate(R.layout.item_detail,
parent, false) [9]
        return CustomViewHolder(view)

    }

    override fun onBindViewHolder(holder: RecyclerView.ViewHolder, position: Int) { [10]

        val viewHolder = (holder as CustomViewHolder).itemView

        // Profile Image 가져오기
        firestore?.collection("profileImages")?.document(contentDTOs[position].
uid!!)
            ?.get()?.addOnCompleteListener { task ->
                if (task.isSuccessful) {

                    val url = task.result["image"]
```

```kotlin
                        Glide.with(holder.itemView.context)
                                .load(url)
                                .apply(RequestOptions()
                                .circleCrop())
                                .into(viewHolder
                                .detailviewitem_profile_image)


                    }
                }

            //UserFragment로 이동
            viewHolder.detailviewitem_profile_image.setOnClickListener {

                val fragment = UserFragment()
                val bundle = Bundle()


        bundle.putString("destinationUid", contentDTOs[position].uid)
                bundle.putString("userId", contentDTOs[position].userId)

                fragment.arguments = bundle
                activity!!.supportFragmentManager.beginTransaction()
                        .replace(R.id.main_content, fragment)
                        .commit()
            }

            // 유저 아이디
                viewHolder.detailviewitem_profile_textview.text =
    contentDTOs[position].userId

            // 가운데 이미지
                Glide.with(holder.itemView.context)
                        .load(contentDTOs[position].imageUrl)
                        .into(viewHolder.detailviewitem_imageview_content)

            // 설명 텍스트
                viewHolder.detailviewitem_explain_textview.text =
    contentDTOs[position].explain
            // 좋아요 이벤트
                viewHolder.detailviewitem_favorite_imageview.setOnClickListener {
    favoriteEvent(position) }

            // 좋아요 버튼 설정
                if (contentDTOs[position].favorites.containsKey(FirebaseAuth.
    getInstance().currentUser!!.uid)) {
```

188

```
                viewHolder.detailviewitem_favorite_imageview.setImageResource(R.
drawable.ic_favorite)

            } else {

                viewHolder.detailviewitem_favorite_imageview.setImageResource(R.
drawable.ic_favorite_border)
            }
//좋아요 카운터 설정
                viewHolder.detailviewitem_favoritecounter_textview.text = "좋아요
" + contentDTOs[position].favoriteCount + "개"


    }

    override fun getItemCount(): Int { [11]

        return contentDTOs.size

    }

    //좋아요 이벤트 기능
    private fun favoriteEvent(position: Int) { [12]
        var tsDoc = firestore?.collection("images")?.document(contentUidList[positi
on])
        firestore?.runTransaction { transaction ->

            val uid = FirebaseAuth.getInstance().currentUser!!.uid
            val contentDTO = transaction.get(tsDoc!!).toObject(ContentDTO::class.
java)

            if (contentDTO!!.favorites.containsKey(uid)) {
                // Unstar the post and remove self from stars
                contentDTO?.favoriteCount = contentDTO?.favoriteCount!! - 1
                contentDTO?.favorites.remove(uid)

            } else {
                // Star the post and add self to stars
                contentDTO?.favoriteCount = contentDTO?.favoriteCount!! + 1
                contentDTO?.favorites[uid] = true
            }
            transaction.set(tsDoc, contentDTO)
        }
    }
```

```
    }

    inner class CustomViewHolder(itemView: View) : RecyclerView.ViewHolder(itemView) 13
}
```

1. Recyclerveiw의 아이템들을 세로 형식으로 표현해주기 위한 코드이다
2. 페이지 로딩 완료 시 진행바를 제거한다.
3. 이미지 로딩 스냅샷을 제거한다.
4. 여기서 가장 중요한 코드이다. 이 코드는 Push Driven 방식의 코드로 만약에 서버의 데이터가 업데이트 될 때마다 자동적으로 이벤트가 발생하는 코드이다. 만약 다른 사람이 좋아요를 클릭했을 경우 바로 푸시를 받아서 화면을 다시 그리기 때문에 실시간으로 서버와 동기화될 수 있도록 도와주는 기능이다.
5. querySnapshot 값이 null인 경우 이벤트를 종료하는 것을 말한다.
6. Document 내용 전체를 담는 코드이다. 대표적으로 유저 이름, 사진 주소, 사진 설명, 좋아요 갯수 정보 등이 여기에 담겨 있다.
7. 각 Document의 ID를 저장하는 코드이다. 나중에 Document 내용을 수정할 때 즉 좋아요 갯수를 올리거나 내릴 때 참조하는 리스트이다.
8. RecyclcerView를 다시 그리는 코드이다.
9. item_detail.xml를 바인딩하는 부분이다.
10. 서버에서 불러온 데이터들을 각 아이템에 바인딩하는 부분이다.
11. 서버에서 불러온 데이터들을 카운터하는 부분이다.
12. 좋아요 이벤트를 발생시키는 Function이다.
13. RecyclerView.ViewHolder를 만들어주는 부분으로 RecyclerView의 메모리 누수를 방지한다.

유저 이미지는 사진을 업로드한 사람의 이미지를 표현하는 부분이다. 일단 아쉽게도 유저 이미지를 올리는 부분은 뒷부분인 UsersFramgent에서 진행하기 때문에 일단 유저 이미지를 다운로드 받는 부분의 코드만 넣어주자. 또한 각각의 코드가 어떻게 작동하는지 뒤에서 자세히 설명하도록 하겠다.

DetailRecyclerViewAdapter in DetailViewFragment.kt

```kotlin
override fun onBindViewHolder(holder: RecyclerView.ViewHolder, position: Int) {

    val viewHolder = (holder as CustomViewHolder).itemView

    // Profile Image 가져오기
    firestore?.collection("profileImages")?.document(contentDTOs[position].uid!!)
        ?.get()?.addOnCompleteListener { task ->
            if (task.isSuccessful) {

                val url = task.result["image"] [1]
                Glide.with(holder.itemView.context)
                    .load(url)
                    .apply(RequestOptions().circleCrop()).into(viewHolder.
detailviewitem_profile_image) [2]

            }
```

```
            }

//UserFragment로 이동
viewHolder.detailviewitem_profile_image.setOnClickListener { ³

    val fragment = UserFragment()
    val bundle = Bundle()

    bundle.putString("destinationUid", contentDTOs[position].uid) ⁴
    bundle.putString("userId", contentDTOs[position].userId) ⁵

    fragment.arguments = bundle
    activity!!.supportFragmentManager.beginTransaction()
                .replace(R.id.main_content, fragment)
                .commit() ⁶
    }

}
```

1. 만약 Firestore Collection에 유저 이미지가 있을 경우 유저 이미지 주소를 가져오는 코드이다. 현재에는 아직 profileImages Collection에 아무런 데이터가 없기 때문에 아무런 주소가 뜨지 않는다.
2. 이미지 파일을 다운로드하는 코드이다.
3. 프로필 이미지에 클릭 이벤트를 넣어주는 코드이다.
4. UserFragment로 이동하기 위해서는 destinationUid가 필요하다. 이 destinationUid는 내가 원하는 사람의 유저의 UID를 넘겨주는 코드이다.
5. 내가 원하는 사람의 유저의 유저 아이디를 넘겨주는 코드이다.
6. UserFragment로 이동하는 코드이다.

유저 아이디

이미지를 올린 유저의 아이디를 바인딩하는 부분이다. onBindViewHolder에서 detailviewitem _profile_textview에 유저 아이디를 바인딩해주면 된다.

DetailRecyclerViewAdapter in DetailViewFragment.kt

```
override fun onBindViewHolder(holder:
RecyclerView.ViewHolder, position: Int) {

    val viewHolder = (holder as CustomViewHolder).itemView
...
viewHolder.detailviewitem_profile_textview.text = contentDTOs[position].userId ¹
...
}
```

---

[1] 각각의 아이템에 유저 아이디를 바인딩해주는 코드이다.

메인 이미지

SNS 앱에서 메인으로 올린 이미지가 나타나는 부분이다. onBindViewHolder에서 Glide로 이미지를 로딩하면 된다.

DetailRecyclerViewAdapter in DetailViewFragment.kt

```kotlin
override fun onBindViewHolder(holder: RecyclerView.ViewHolder, position: Int) {

    val viewHolder = (holder as CustomViewHolder).itemView
    Glide.with(holder.itemView.context)
        .load(contentDTOs[position].imageUrl)
        .into(viewHolder.detailviewitem_imageview_content) ¹
}
```

¹· 각각의 아이템에 메인 사진을 바인딩해주는 코드이다.

좋아요 버튼 만들기

좋아요 버튼 만들기 부분은 크게 두 가지로 구성되어 있다. 내가 이 게시물에 좋아요를 클릭했는지 확인하는 부분과 좋아요를 클릭했을 때 서버에 좋아요 이벤트를 전송해주는 부분으로 이루어져 있다. 조금은 복잡하지만 익숙해지면 매우 좋은 기능이므로 한번 살펴보자.

DetailRecyclerViewAdapter in DetailViewFragment.kt

```
override fun onBindViewHolder(holder:
RecyclerView.ViewHolder, position: Int) {

    val viewHolder = (holder as
CustomViewHolder).itemView
```

```kotlin
// 좋아요 이벤트
viewHolder.detailviewitem_favorite_imageview.setOnClickListener {
favoriteEvent(position) }

    //좋아요 버튼 설정
    if
(contentDTOs[position].favorites.containsKey(Fir
ebaseAuth.getInstance().currentUser!!.uid)) { ¹

viewHolder.detailviewitem_favorite_imageview.set
ImageResource(R.drawable.ic_favorite) ²

    } else {

viewHolder.detailviewitem_favorite_imageview.set
ImageResource(R.drawable.ic_favorite_border) ³
    }


}

    //좋아요 이벤트 기능
private fun favoriteEvent(position: Int) {
    var tsDoc =
firestore?.collection("images")?.document(contentUidList[position])
    firestore?.runTransaction { transaction -> ⁴

        val uid = FirebaseAuth.getInstance().currentUser!!.uid
        val contentDTO = transaction.get(tsDoc!!).toObject(ContentDTO::class.java)

        if (contentDTO!!.favorites.containsKey(uid)) {
            // Unstar the post and remove self from stars
            contentDTO?.favoriteCount = contentDTO?.favoriteCount!! - 1
            contentDTO?.favorites.remove(uid) ⁵

        } else {
            // Star the post and add self to stars

contentDTO?.favoriteCount = contentDTO?.favoriteCount!! + 1
            contentDTO?.favorites[uid] = true ⁶
            favoriteAlarm(contentDTOs[position].uid!!)
        }
        transaction.set(tsDoc, contentDTO) ⁷
    }
}
```

1. 내가 이 게시글에 좋아요를 했을 경우 True값이 넘어오게 된다.
2. 내가 이 게시글에 좋아요를 이미 선택했을 경우 검은 하트를 표현해주는 부분이다.
3. 내가 이 게시글에 좋아요를 선택하지 않았을 경우 흰 하트를 표시해주는 코드이다.
4. 여기서는 runTransaction을 사용한 것을 볼 수가 있다. Transction의 특정한 사람이 데이터베이스를 쓰고 있는 경우 다른 사람들이 쓰지 못하도록 방지하는 것을 말한다.

   만약 두 사람이 동시에 좋아요를 누를 경우 좋아요 갯수가 누락되지 않기 위함이다. runTranaction를 사용하지 않을 경우 두 사람의 유저가 좋아요 0인 게시물에서 동시에 좋아요를 클릭할 경우 실제적으로 좋아요는 2가 되어야 하지만, 두 유저가 모두 0 + 1를 더해서 1이라는 값만 서버로 전송하므로 최종적으로 서버에는 좋아요 1만 저장되는 버그가 발생한다. 그렇기 때문에 runTranaction을 걸어줘서 데이터가 동시에 입력되는 것을 방지하는 것이다.
5. contentDTO.favorites에 나의 UID가 있을 경우 즉 좋아요를 이미 클릭한 상태일 경우) 카운터를 제거한 후 나의 UID도 제거한다.
6. contentDTO.favorites에 나의 UID가 없을 경우(즉 좋아요를 클릭하지 않을 상태일 경우) 카운터와 UID를 추가한다.
7. 수정한 데이터를 데이터베이스에 넘겨주는 코드이다.

좋아요 카운터

좋아요 카운터를 만드는 부분이다. 단순히 서버에 현재 이미지의 좋아요 갯수를 받아와서 onBindViewHolder 안의 detailviewitem_favoritecounter_textview에 간단히 좋아요 카운터 값을 넣어주는 부분이다.

DetailRecyclerViewAdapter in DetailViewFragment.kt

```
override fun onBindViewHolder(holder: RecyclerView.ViewHolder, position: Int) {

    val viewHolder = (holder as CustomViewHolder).itemView

    //좋아요 카운터 설정
    viewHolder.detailviewitem_favoritecounter_textview.text = "좋아요" +
contentDTOs[position].favoriteCount + "개" ¹

}
```

198

사진 설명글

이 부분은 onBindViewHolder에 사진 설명한 글을 바인딩해주는 부분이다. detailviewitem_ explain_textview에 현재 사진의 설명글을 넣어주면 된다.

DetailRecyclerViewAdapter in DetailViewFragment.kt

```kotlin
override fun onBindViewHolder(holder: RecyclerView.ViewHolder, position: Int) {

    val viewHolder = (holder as CustomViewHolder).itemView
    viewHolder.detailviewitem_explain_textview.text =
contentDTOs[position].explain 1

}
```

1. 현재 이미지의 설명글을 바인딩해주는 부분이다.

AddPhotoActivity 만들기

DetailViewFragment를 만들었지만 안에 사진이 하나도 없기 때문에 아무런 이벤트가 발생하지 않았다. 이번에는 AddPhotoActivity를 만들어서 사진을 올리는 부분을 만들어주자.

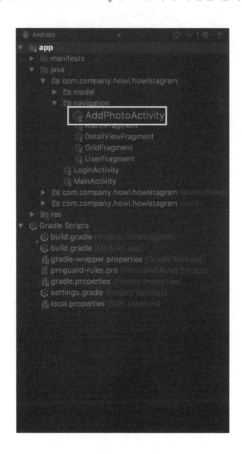

레이아웃

일단 EmptyActivity로 AddPhotoActivity를 만들어주자.

Activity_add_photo.xml

```xml
<?xml version="1.0" encoding="utf-8"?>
<RelativeLayout xmlns:android="http://schemas.android.com/apk/res/android"
    xmlns:tools="http://schemas.android.com/tools"
    android:layout_width="match_parent"
    android:layout_height="match_parent">

    <ProgressBar
        android:id="@+id/progress_bar"
        android:layout_width="wrap_content"
        android:layout_height="wrap_content"
        android:layout_centerInParent="true"
        android:visibility="gone" /> 1

    <!-- Toolbar -->
    <android.support.v7.widget.Toolbar
        android:id="@+id/my_toolbar"
        android:layout_width="match_parent"
        android:layout_height="35dp"
        android:layout_alignParentTop="true"
        android:theme="@style/ThemeOverlay.AppCompat.Dark.ActionBar"> 2

        <ImageView
            android:layout_width="match_parent"
            android:layout_height="match_parent"
            android:layout_margin="3dp"
            android:contentDescription="@string/app_name"
            android:src="@drawable/logo_title" /> 3

    </android.support.v7.widget.Toolbar>

    <LinearLayout
        android:id="@+id/toolbar_division"
        android:layout_width="match_parent"
        android:layout_height="1dp"
        android:layout_below="@id/my_toolbar"
        android:layout_marginBottom="10dp"
        android:background="@color/colorDivision"
        android:orientation="horizontal" />

    <!-- Contents -->
    <ImageView
        android:id="@+id/addphoto_image"
        android:layout_width="100dp"
```

```xml
            android:layout_height="100dp"
            android:layout_alignParentLeft="true"
            android:layout_below="@id/toolbar_division"
            android:layout_margin="8dp"
            tools:src="@drawable/ic_account" /> 4

    <android.support.design.widget.TextInputLayout
        android:id="@+id/edittext"
        android:layout_width="match_parent"
        android:layout_height="wrap_content"
        android:layout_below="@id/toolbar_division"
        android:layout_margin="8dp"
        android:layout_toRightOf="@id/addphoto_image">

        <EditText
            android:id="@+id/addphoto_edit_explain"
            android:layout_width="match_parent"
            android:layout_height="100dp"
            android:gravity="top"
            android:hint="@string/hint_image_content"
            android:inputType="text" /> 5
    </android.support.design.widget.TextInputLayout>

    <Button
        android:id="@+id/addphoto_btn_upload"
        android:layout_width="match_parent"
        android:layout_height="wrap_content"
        android:layout_below="@id/edittext"
        android:layout_margin="8dp"
        android:layout_toRightOf="@id/addphoto_image"
        android:text="@string/upload_image"
        android:theme="@style/ButtonStyle" /> 6

</RelativeLayout>
```

1. 화면 로딩 진행바
2. 상단 툴바
3. 상단 툴바 이미지
4. 업로드할 사진을 표시하는 이미지뷰
5. 사진 설명글을 입력하는 EditText
6. 사진 업로드 버튼

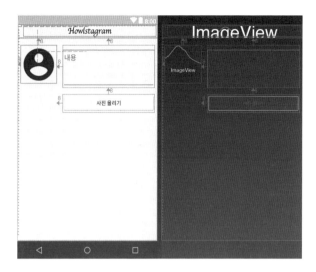

전체 코드

AddPhotoActivity.kt

```
cass AddPhotoActivity : AppCompatActivity() {

    val PICK_IMAGE_FROM_ALBUM = 0

    var photoUri: Uri? = null

    var storage: FirebaseStorage? = null
    var firestore: FirebaseFirestore? = null
    private var auth: FirebaseAuth? = null

    override fun onCreate(savedInstanceState: Bundle?) {
        super.onCreate(savedInstanceState)
        setContentView(R.layout.activity_add_photo)

        // Firebase storage
        storage = FirebaseStorage.getInstance()
        // Firebase Database
        firestore = FirebaseFirestore.getInstance()
        // Firebase Auth
        auth = FirebaseAuth.getInstance()

        val photoPickerIntent = Intent(Intent.ACTION_PICK)

    photoPickerIntent.type = "image/*"
```

```kotlin
        startActivityForResult(photoPickerIntent, PICK_IMAGE_FROM_ALBUM) ¹

        addphoto_image.setOnClickListener {
            val photoPickerIntent = Intent(Intent.ACTION_PICK)
            photoPickerIntent.type = "image/*"
            startActivityForResult(photoPickerIntent, PICK_IMAGE_FROM_ALBUM) ²
        }

        addphoto_btn_upload.setOnClickListener {
            contentUpload() ³
        }

    }

    override fun onActivityResult(requestCode: Int,
resultCode: Int, data: Intent?) { ⁴

        if (requestCode == PICK_IMAGE_FROM_ALBUM) {

            if(resultCode == Activity.RESULT_OK){
                println(data?.data)
                photoUri = data?.data
                addphoto_image.setImageURI(data?.data)
            }

            else{
              finish()
            }

        }
    }

    fun contentUpload(){ ⁵
        progress_bar.visibility = View.VISIBLE

        val timeStamp = SimpleDateFormat("yyyyMMdd_HHmmss").format(Date())
        val imageFileName = "JPEG_" + timeStamp + "_.png"
        val storageRef = storage?.reference?.child("images")?.child(imageFileName)
        storageRef?.putFile(photoUri!!)?.addOnSuccessListener{ taskSnapshot ->
                progress_bar.visibility = View.GONE

                Toast.makeText(this, getString(R.string.upload_success),
                    Toast.LENGTH_SHORT).show()
```

```
            val uri = taskSnapshot.downloadUrl
            //데이터베이스에 바인딩할 위치 생성 및 컬렉션(테이블)에 데이터 집합 생성


            val contentDTO = ContentDTO()

            //이미지 주소
            contentDTO.imageUrl = uri!!.toString()
            //유저의 UID
            contentDTO.uid = auth?.currentUser?.uid
            //게시물의 설명
            contentDTO.explain = addphoto_edit_explain.text.toString()
            //유저의 아이디
            contentDTO.userId = auth?.currentUser?.email
            //게시물 업로드 시간
            contentDTO.timestamp = System.currentTimeMillis()

            //게시물에 데이터 생성 및 액티비티 종료
            firestore?.collection("images")?.document()?.set(contentDTO)

            setResult(Activity.RESULT_OK)
            finish()
        }
        ?.addOnFailureListener {
            progress_bar.visibility = View.GONE

            Toast.makeText(this,
getString(R.string.upload_fail),
            Toast.LENGTH_SHORT).show()
        }
    }
}
```

1. AddPhotoActivity를 실행했을 경우 자동적으로 앨범이 열리도록 코드를 입력한다.

2. 이미지를 선택했을 경우 앨범을 여는 코드를 실행한다.

3. 업로드 버튼을 클릭했을 경우 contentUpload 기능을 실행한다.

4. 앨범이 닫히면서 결과값이 넘어오는 부분이다.

5. 파일을 스토리지와 데이터베이스에 입력하는 코드이다.

자동 앨범 오픈 코드

사실 이 과정을 넣을까 고민을 많이 했었지만 매끄러운 진행 상황을 만들기 위해서 이 부분을 추가했다. AddPhotoActivity를 실행할 때 자동적으로 앨범을 여는 코드이다.

AddPhotoActivity.kt

```kotlin
override fun onCreate(savedInstanceState: Bundle?) {
    super.onCreate(savedInstanceState)
    setContentView(R.layout.activity_add_photo)

    // Firebase storage
    storage = FirebaseStorage.getInstance()
    // Firebase Database
    firestore = FirebaseFirestore.getInstance()
    // Firebase Auth
    auth = FirebaseAuth.getInstance()

    val photoPickerIntent = Intent(Intent.ACTION_PICK)
    photoPickerIntent.type = "image/*"
    startActivityForResult(photoPickerIntent, PICK_IMAGE_FROM_ALBUM) [1]

}
```

[1] AddActivity를 시작하자마자 앨범을 여는 코드이다.

이미지뷰에 앨범 코드 넣기

AddPhotoActivity.kt

```kotlin
override fun onCreate(savedInstanceState: Bundle?) {
    super.onCreate(savedInstanceState)
    setContentView(R.layout.activity_add_photo)

    addphoto_image.setOnClickListener {
        val photoPickerIntent = Intent(Intent.ACTION_PICK)
        photoPickerIntent.type = "image/*"
        startActivityForResult(photoPickerIntent, PICK_IMAGE_FROM_ALBUM) [1]
    }

}

override fun onActivityResult(requestCode: Int, resultCode: Int, data: Intent?) {
```

```
if (requestCode == PICK_IMAGE_FROM_ALBUM) {
    //이미지 선택 시
    if(resultCode == Activity.RESULT_OK){ 2

        photoUri = data?.data
        addphoto_image.setImageURI(data?.data) 3
    }
    //선택 안할 시 AddPhotoActivity 종료
    else{
        finish() 4
    }

}
}
```

1. 이미지를 클릭 시 앨범을 여는 코드이다.
2. 이미지를 선택했는지 확인하는 코드이다.
3. 이미지 선택 시 이미지뷰에 이미지를 넣는다.
4. 이미지를 선택하지 않았을 시 AddPhotoActivity를 종료한다.

사진 올리기 및 사진 설명 만들기

이 부분은 사진을 올리는 부분과 사진 설명을 만드는 부분으로 구성되어 있다. 일단 Edittext
와 Button에 이벤트를 넣어주자.

AddPhotoActivity.kt

```
override fun onCreate(savedInstanceState: Bundle?) {
    super.onCreate(savedInstanceState)
    setContentView(R.layout.activity_add_photo)

    addphoto_btn_upload.setOnClickListener {
        contentUpload()
    }
}
```

```kotlin
fun contentUpload(){
    progress_bar.visibility = View.VISIBLE

    val timeStamp = SimpleDateFormat("yyyyMMdd_HHmmss").format(Date())
    val imageFileName = "JPEG_" + timeStamp + "_.png" ¹
    val storageRef = storage?.reference?.child("images")?.child(imageFileName)
    storageRef?.putFile(photoUri!!)?.addOnSuccessListener{ taskSnapshot -> ²
            progress_bar.visibility = View.GONE ³

            Toast.makeText(this, getString(R.string.upload_success),
                    Toast.LENGTH_SHORT).show() 74

            val uri = taskSnapshot.downloadUrl
            //데이터베이스에 바인딩할 위치 생성 및 컬렉션(테이블)에 데이터 집합 생성


            //시간 생성
            val contentDTO = ContentDTO()

            //이미지 주소
            contentDTO.imageUrl = uri!!.toString() ⁵
            //유저의 UID
            contentDTO.uid = auth?.currentUser?.uid ⁶
            //게시물의 설명
            contentDTO.explain = addphoto_edit_explain.text.toString() ⁷
            //유저의 아이디
            contentDTO.userId = auth?.currentUser?.email ⁸
            //게시물 업로드 시간
            contentDTO.timestamp = System.currentTimeMillis() ⁹

            //게시물을 데이터를 생성 및 액티비티 종료
            firestore?.collection("images")?.document()?.set(contentDTO) ¹⁰

            setResult(Activity.RESULT_OK)
            finish() ¹¹

    }
        ?.addOnFailureListener { ¹²
            progress_bar.visibility = View.GONE

            Toast.makeText(this, getString(R.string.upload_fail),
                    Toast.LENGTH_SHORT).show() ¹³
        }
}
```

1. 파일을 업로드할 때의 파일명을 생성하는 부분이다. 중복되지 않게 날짜별로 생성하도록 코드를 만들어놓았다.
2. 이미지를 스토리지에 저장하는 데 성공했을 때 이벤트가 발생하는 부분이다.
3. 진행바를 종료시킨다.
4. 업로드 성공 시 토스트 메시지를 띄운다.
5. 이미지 다운로드 URL 주소
6. 현재 자신의 UID
7. 게시물의 설명
8. 업로드하는 유저의 아이디
9. 현재 이미지 업로드 시간
10. 데이터베이스를 저장한다.
11. setResult(Activity.RESULT_OK) 세팅 후에 AddPhotoActivty를 종료시킨다.
12. 이미지 업로드에 실패했을 경우 부분으로 ProgressBar를 종료시키며 업로드에 실패했다는 메시지를 띄운다.
13. 실패했을 경우 실패 토스트 메시지를 띄운다.

실제로 사진 올리기

DetailViewFragment와 AddPhotoActivity까지 만들어졌다면 정상적으로 DetailViewFragment에 사진이 올라가는지 확인하기 위해서 사진을 올려보자. 일단 사진은 자신이 찍은 것으로 올려도 되며 만약 괜찮은 사진을 얻고 싶다면 https://www.pixabay.com 등 저작권이 무료인 이미지 사이트에서 다운로드 받아 사용하는 것을 추천한다.

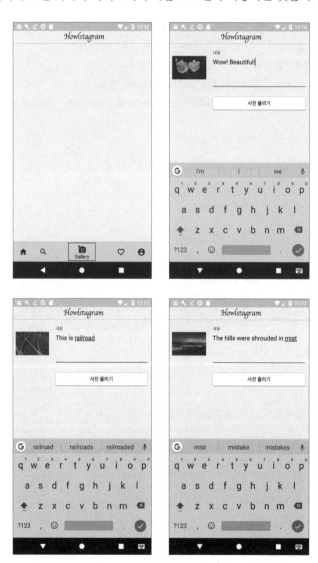

카메라 버튼을 선택 후 사진 3개를 연속해서 올려보자.

사진을 올리면 DetailViewFragment에 사진들이 올라간 것을 확인할 수가 있다.

GridFragment 만들기

이 부분은 구독하지 않는 전체 사진을 보여주는 부분이라고 생각하면 된다. DetailView
Fragment는 나중에 구독한 사진 이미지만 나타나는 부분이며 GridFragment는 현재 SNS
앱에 올라온 모든 사진들을 나타내는 부분이라고 생각하면 이해하기 쉽다.

여기서 아이콘 모양이 "Search"로 되어 있는 것을 볼 수가 있는데 사실 사진을 검색하는 부
분은 아니며 현재 서버에 저장된 사진 전체를 보여주는 부분이라고 보면된다.

레이아웃

이번 레이아웃은 간단히 Recyclerview를 넣어주자.

fragment_grid.xml

```xml
<?xml version="1.0" encoding="utf-8"?>
<LinearLayout xmlns:android="http://schemas.android.com/apk/res/android"
    android:layout_width="match_parent"
    android:layout_height="match_parent"
    android:orientation="vertical">

    <android.support.v7.widget.RecyclerView
        android:id="@+id/gridfragment_recyclerview"

        android:layout_width="match_parent"
```

```
            android:layout_height="match_parent" /> 1

</LinearLayout>
```

1. 화면을 격자 무늬로 표현해주는 코드이다.

전체 코드

이 부분은 따로 어려운 코드가 없기 때문에 자세히 설명하지 않았다. 코드 원본만 가지고도
충분히 의미를 파악할 수 있을 것이다.

GridFragment.kt

```
class GridFragment:Fragment(){

    var imagesSnapshot : ListenerRegistration? = null
    var mainView : View? = null

    override fun onCreateView(inflater: LayoutInflater, container: ViewGroup?,
savedInstanceState: Bundle?): View? {
        mainView = inflater.inflate(R.layout.fragment_grid, container, false) 1

        return mainView
    }
    override fun onResume() { 2
        super.onResume()
    mainView?.gridfragment_recyclerview?.adapter = GridFragmentRecyclerViewAdatper()
    mainView?.gridfragment_recyclerview?.layoutManager = GridLayoutManager(activity, 3)
    }

    override fun onStop() { 3
        super.onStop()
        imagesSnapshot?.remove()
    }

    inner class GridFragmentRecyclerViewAdatper : RecyclerView.Adapter<RecyclerView.
ViewHolder>() {

        var contentDTOs: ArrayList<ContentDTO>
```

```kotlin
    init {
        contentDTOs = ArrayList()
        imagesSnapshot = FirebaseFirestore
            .getInstance().collection("images").orderBy("timestamp")?.
addSnapshotListener { querySnapshot, firebaseFirestoreException -> ⁴

            contentDTOs.clear()
            for (snapshot in querySnapshot!!.documents) {
                contentDTOs.add(snapshot.toObject(ContentDTO::class.java)!!)
            }
            notifyDataSetChanged() ⁵
        }
    }

    override fun onCreateViewHolder(parent: ViewGroup, viewType: Int):
RecyclerView.ViewHolder {

        //현재 사이즈 뷰 화면 가로 크기의 1/3값을 가지고 오기
        val width = resources.displayMetrics.widthPixels / 3 ⁶

        val imageView = ImageView(parent.context) ⁷
        imageView.layoutParams = LinearLayoutCompat.LayoutParams(width, width) ⁸

        return CustomViewHolder(imageView)
}

    override fun onBindViewHolder(holder: RecyclerView.ViewHolder, position: Int) {

        var imageView = (holder as CustomViewHolder).imageView

        Glide.with(holder.itemView.context)
            .load(contentDTOs[position].imageUrl)
            .apply(RequestOptions().centerCrop())
            .into(imageView) ⁹

    }

    override fun getItemCount(): Int {
        return contentDTOs.size
    }

    inner class CustomViewHolder(var imageView: ImageView) : RecyclerView.
ViewHolder(imageView) ¹⁰
    }
}
```

1. fragment_grid.xml를 불러온다.
2. 생명 주기가 onResume일 때 GridReyclerview를 만들어주는 코드이다.
3. 스냅샷을 제거하는 부분이다.
4. images Collection을 읽어들이는 Push Driven 방식의 코드이다. 다른 사용자가 이미지를 추가할 때 자동적으로 서버와 동기화를 할 수가 있다.
5. 갱신된 데이터를 받아서 Recycerview를 다시 그리는 코드이다.
6. Display 폭 사이즈의 1/3값을 가져오는 코드로 Recyclerview 한 줄마다 행을 3등분하기 위한 부분이다.
7. Recyclerview의 itemView로 보통은 xml 파일을 만들어서 사용하지만 이번 같은 경우는 imageview만 필요하므로 직접 코드로 itemView를 만들어주었다.
8. 직접 이미지뷰를 만든 후에 높이 값과 폭 값을 width 변수로 넣어주었다. 그 이유는 디스플레이 폭의 1/3 되는 값을 넣어준 후에 정사각형을 만들어주기 위해서이다.
9. 각각의 Recyclerview Item에 이미지를 다운로드하는 코드이다.
10. RecyclerView의 메모리 누수를 방지한다.

실제로 Search 버튼을 클릭하면 Grid Recyclerview로 나오는 것을 볼 수가 있다.

UserFragment 만들기

UserFragment는 유저에 대한 정보를 보여주는 창으로서 두 가지 부분으로 이루어져 있다. 현재 나의 유저 정보를 보여주는 부분과 내가 팔로우하고 싶은 상대방의 정보를 보여주는 부분이 있다.

이 두 가지는 모두 UserFragment를 사용하지만 차이점이 있는데, 상대방 정보를 보여주는 UserFragment 같은 경우는 팔로워 버튼이 존재하며 나의 UserFragment를 보여줄때는 로그아웃 버튼이 존재한다.

상태	차이점
나의 유저 정보 UserFragment	로그아웃 버튼 존재
상대방 유저 정보 UserFragment	팔로워 버튼 존재

아쉽게도 현재까지는 세상에서 가장 복잡한 코드가 될 것이라고 생각된다. UserFragment가
가지고 있는 기능은 나를 팔로우하는 사람 수, 내가 팔로우하는 사람 수, 페이지 콘텐츠 개수
와 나의 프로필 사진, 내가 올린 이미지, 팔로워를 표시하고 로그아웃하는 기능들을 가지고
있기 때문에 굉장히 복잡하다. 그렇기 때문에 자세하게 설명해놓겠다.

레이아웃

fragment_user.xml

```xml
<?xml version="1.0" encoding="utf-8"?>
<LinearLayout xmlns:android="http://schemas.android.com/apk/res/android"
    xmlns:tools="http://schemas.android.com/tools"
    android:layout_width="match_parent"
    android:layout_height="match_parent"
    android:orientation="vertical">

    <RelativeLayout
        android:layout_width="match_parent"
        android:layout_height="100dp"
        android:layout_marginBottom="8dp"
        android:layout_marginTop="8dp"
        android:gravity="center"
        android:orientation="horizontal"
        android:layout_marginRight="10dp">
        <ImageView
            android:id="@+id/account_iv_profile"
            android:layout_width="100dp"
            android:layout_height="100dp"
            android:contentDescription="@string/profile"
            tools:src="@drawable/ic_account"
            android:layout_alignParentLeft="true" /> [1]
        <Button
            android:id="@+id/account_btn_follow_signout"
            android:layout_width="match_parent"
            android:layout_height="40dp"
```

```xml
                android:layout_alignParentBottom="true"
                android:text="@string/follow"
                android:theme="@style/ButtonStyle"
                android:layout_toRightOf="@id/account_iv_profile" /> ²
    <LinearLayout
            android:layout_width="match_parent"
            android:layout_height="match_parent"
            android:layout_above="@id/account_btn_follow_signout"
            android:layout_marginEnd="8dp"
            android:layout_marginStart="8dp"
            android:layout_marginTop="8dp"
            android:baselineAligned="true"
            android:gravity="center"
            android:orientation="horizontal"
            android:layout_toRightOf="@id/account_iv_profile">
        <LinearLayout
                android:layout_width="0dp"
                android:layout_height="wrap_content"
                android:layout_weight="1"
                android:gravity="center"
                android:orientation="vertical">
            <TextView
                    android:layout_width="wrap_content"
                    android:layout_height="wrap_content"
                    android:layout_marginBottom="3dp"
                    android:text="@string/post" /> ³
            <TextView
                    android:id="@+id/account_tv_post_count"
                    android:layout_width="wrap_content"
                    android:layout_height="wrap_content"
                    android:text="@string/count_0"
                    android:textStyle="bold" /> ⁴
        </LinearLayout>

        <LinearLayout
                android:layout_width="0dp"
                android:layout_height="wrap_content"
                android:layout_weight="1"
                android:gravity="center"
                android:orientation="vertical">
            <TextView
                    android:layout_width="wrap_content"
                    android:layout_height="wrap_content"
                    android:layout_marginBottom="3dp"
```

```
                    android:text="@string/follower" />  5
            <TextView
                android:id="@+id/account_tv_follower_count"
                android:layout_width="wrap_content"
                android:layout_height="wrap_content"
                android:text="@string/count_0"
                android:textStyle="bold" />  6
        </LinearLayout>

        <LinearLayout
            android:layout_width="0dp"
            android:layout_height="wrap_content"
            android:layout_weight="1"
            android:gravity="center"
            android:orientation="vertical">
            <TextView
                android:layout_width="wrap_content"
                android:layout_height="wrap_content"
                android:layout_marginBottom="3dp"
                android:text="@string/following" />  7
            <TextView
                android:id="@+id/account_tv_following_count"
                android:layout_width="wrap_content"
                android:layout_height="wrap_content"
                android:text="@string/count_0"
                android:textStyle="bold" />  8
        </LinearLayout>
    </LinearLayout>
    </RelativeLayout>
    <android.support.v7.widget.RecyclerView
        android:id="@+id/account_recyclerview"
        android:layout_width="match_parent"
        android:layout_height="match_parent" />  9
</LinearLayout>
```

1. 프로필 사진 이미지뷰이다.

2. 로그아웃 or 팔로워 버튼이다.

3. 게시물 TextView이다.

4. 게시물 카운터 TextView이다.

5. 팔로워 TextView이다.

6. 팔로워 카운터 TextView이다.

7. 팔로잉 TextView이다.

^{8.} 팔로잉 카운터 TextView이다.

^{9.} 현재 업로드한 사진들을 보여주는 RecyclerView이다.

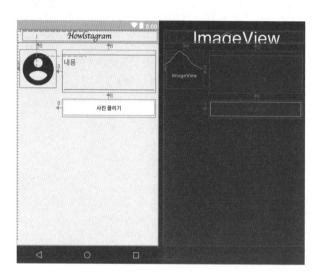

전체 코드

전체 코드의 양이 300줄 정도 된다. 최대한 간략하게 만들고 싶었지만 UserFragment가 가지고 있는 기능이 워낙 많은 관계로 6페이지 이상의 코드가 만들어졌다. 매우 복잡해 보인다. 하지만 코드를 부분 부분 살펴본다면 그렇게 어려운 코드가 아닌 것을 알게 될 것이다.

UserFragment.kt

```kotlin
class UserFragment : Fragment() {

    val PICK_PROFILE_FROM_ALBUM = 10

    // Firebase
    var auth: FirebaseAuth? = null
    var firestore: FirebaseFirestore? = null

    //private String destinationUid;
```

```kotlin
    var uid: String? = null
    var currentUserUid: String? = null

    var fragmentView: View? = null
    var followListenerRegistration: ListenerRegistration? = null
    var followingListenerRegistration: ListenerRegistration? = null
    var imageprofileListenerRegistration: ListenerRegistration? = null
    var recyclerListenerRegistration: ListenerRegistration? = null


    override fun onCreateView(inflater: LayoutInflater, container: ViewGroup?,
savedInstanceState: Bundle?): View? {

        fragmentView = inflater.inflate(R.layout.fragment_user, container, false)

        // Firebase
        auth = FirebaseAuth.getInstance()
        firestore = FirebaseFirestore.getInstance()

        currentUserUid = auth?.currentUser?.uid

        if (arguments != null) {

            uid = arguments!!.getString("destinationUid")

            // 본인 계정인 경우 로그아웃, Toolbar 기본으로 설정
            if (uid != null && uid == currentUserUid) {

                fragmentView!!.account_btn_follow_signout.text = getString(R.string.
signout)
                fragmentView?.account_btn_follow_signout?.setOnClickListener {
                    activity?.finish()
                    startActivity(Intent(activity, LoginActivity::class.java))
                    auth?.signOut()

                }
            } else {
                fragmentView!!.account_btn_follow_signout.text = getString(R.string.
follow)

                //view.account_btn_follow_signout.setOnClickListener{ requestFollow() }
                var mainActivity = (activity as MainActivity)
                mainActivity.toolbar_title_image.visibility = View.GONE
                mainActivity.toolbar_btn_back.visibility = View.VISIBLE
```

```kotlin
                mainActivity.toolbar_username.visibility = View.VISIBLE

                mainActivity.toolbar_username.text = arguments!!.getString("userId")

                mainActivity.toolbar_btn_back.setOnClickListener { mainActivity.
bottom_navigation.selectedItemId = R.id.action_home }

                fragmentView?.account_btn_follow_signout?.setOnClickListener {
                    requestFollow()
                }
            }

        }

        // Profile Image Click Listener
        fragmentView?.account_iv_profile?.setOnClickListener {
            if (ContextCompat.checkSelfPermission(activity!!, Manifest.permission.
READ_EXTERNAL_STORAGE) == PackageManager.PERMISSION_GRANTED) {

                //앨범 오픈
                var photoPickerIntent = Intent(Intent.ACTION_PICK)
                photoPickerIntent.type = "image/*"
                activity!!.startActivityForResult(photoPickerIntent, PICK_PROFILE_
FROM_ALBUM)
            }
        }

    fragmentView?.account_recyclerview?.layoutManager = GridLayoutManager(activity!!,
3)
    fragmentView?.account_recyclerview?.adapter = UserFragmentRecyclerViewAdapter()


        return fragmentView
    }
    override fun onResume() { ¹
        super.onResume()
        getProfileImage()
        getFollowing()
        getFollower()
    }

    fun getProfileImage() { ²
        imageprofileListenerRegistration = firestore?.collection("profileImages")?.
document(uid!!)
```

```kotlin
            ?.addSnapshotListener { documentSnapshot, firebaseFirestoreException ->

                if (documentSnapshot?.data != null) {
                    val url = documentSnapshot?.data!!["image"]
                    Glide.with(activity)
                            .load(url)
                            .apply(RequestOptions().circleCrop()).into(fragmentView!!.
account_iv_profile)
                }
            }

    }


    fun getFollowing() { ³

        followingListenerRegistration = firestore?.collection("users")?.document(uid!!)?.
addSnapshotListener { documentSnapshot, firebaseFirestoreException ->
            val followDTO = documentSnapshot?.toObject(FollowDTO::class.java)
            if (followDTO == null) {
                return@addSnapshotListener
            }

    fragmentView!!.account_tv_following_count.text = followDTO?.followingCount.toString()
        }

    }


    fun getFollower() { ⁴

        followListenerRegistration = firestore?.collection("users")?.document(uid!!)?.
addSnapshotListener { documentSnapshot, firebaseFirestoreException ->
            val followDTO = documentSnapshot?.toObject(FollowDTO::class.java)
            if (followDTO == null)
                return@addSnapshotListener

            fragmentView?.account_tv_follower_count?.text = followDTO?.followerCount.
toString()
            if (followDTO?.followers?.containsKey(currentUserUid)!!) {

            fragmentView?.account_btn_follow_signout?.text = getString(R.string.follow_
cancel)
```

```
                    fragmentView?.account_btn_follow_signout

                            ?.background
                            ?.setColorFilter(ContextCompat.getColor(activity!!, R.color.
colorLightGray), PorterDuff.Mode.MULTIPLY)
            } else {

                if (uid != currentUserUid) {

                    fragmentView?.account_btn_follow_signout?.text = getString(R.
string.follow)
                    fragmentView?.account_btn_follow_signout?.background?.colorFilter
= null
                }
            }


        }

        }


    fun requestFollow() { 5

        var tsDocFollowing = firestore!!.collection("users").document(currentUserUid!!)
        firestore?.runTransaction { transaction ->

        var followDTO = transaction.get(tsDocFollowing).toObject(FollowDTO::class.
java)
        if (followDTO == null) {

            followDTO = FollowDTO()
            followDTO.followingCount = 1
            followDTO.followings[uid!!] = true

            transaction.set(tsDocFollowing, followDTO)
            return@runTransaction

        }
        // Unstar the post and remove self from stars
        if (followDTO?.followings?.containsKey(uid)!!) {

            followDTO?.followingCount = followDTO?.followingCount - 1
```

```
            followDTO?.followings.remove(uid)
        } else {


            followDTO?.followingCount = followDTO?.followingCount + 1
            followDTO?.followings[uid!!] = true


        }
        transaction.set(tsDocFollowing, followDTO)

    return@runTransaction
}

        var tsDocFollower = firestore!!.collection("users").document(uid!!)
        firestore?.runTransaction { transaction ->

            var followDTO = transaction.get(tsDocFollower).toObject(FollowDTO::class.java)
            if (followDTO == null) {

                followDTO = FollowDTO()
                followDTO!!.followerCount = 1
                followDTO!!.followers[currentUserUid!!] = true


                transaction.set(tsDocFollower, followDTO!!)
                return@runTransaction
            }

            if (followDTO?.followers?.containsKey(currentUserUid!!)!!) {


                followDTO!!.followerCount = followDTO!!.followerCount - 1
                followDTO!!.followers.remove(currentUserUid!!)
            } else {

                followDTO!!.followerCount = followDTO!!.followerCount + 1
                followDTO!!.followers[currentUserUid!!] = true

            }// Star the post and add self to stars

            transaction.set(tsDocFollower, followDTO!!)
            return@runTransaction
        }

    }
```

227

```kotlin
    inner class UserFragmentRecyclerViewAdapter : RecyclerView.Adapter<RecyclerView.

ViewHolder>() { ⁶

        val contentDTOs: ArrayList<ContentDTO>

        init { ⁷

            contentDTOs = ArrayList()

            // 나의 사진만 찾기
            recyclerListenerRegistration =
firestore?.collection("images")?.whereEqualTo("uid", uid)?.addSnapshotListener {
querySnapshot, firebaseFirestoreException ->
                contentDTOs.clear()
                if(querySnapshot == null) return@addSnapshotListener
                for (snapshot in querySnapshot?.documents!!) {
                    contentDTOs.add(snapshot.toObject(ContentDTO::class.java)!!)
                }

                account_tv_post_count.text = contentDTOs.size.toString()
                notifyDataSetChanged()

            }

        }

        override fun onCreateViewHolder(parent: ViewGroup, viewType: Int):
RecyclerView.ViewHolder { ⁸

            val width = resources.displayMetrics.widthPixels / 3

            val imageView = ImageView(parent.context)
            imageView.layoutParams = LinearLayoutCompat.LayoutParams(width, width)


          return CustomViewHolder(imageView)
        }

        override fun onBindViewHolder(holder: RecyclerView.ViewHolder, position:
Int) { ⁹
            var imageview = (holder as CustomViewHolder).imageView
            Glide.with(holder.itemView.context)
```

```
                    .load(contentDTOs[position].imageUrl)
                    .apply(RequestOptions().centerCrop())
                    .into(imageview)
        }

        override fun getItemCount(): Int {

            return contentDTOs.size
        }

        inner class CustomViewHolder (var imageView: ImageView) : RecyclerView.
    ViewHolder(imageView)
    }
    override fun onStop() { ¹⁰
        super.onStop()
        followListenerRegistration?.remove()
        followingListenerRegistration?.remove()
        imageprofileListenerRegistration?.remove()
        recyclerListenerRegistration?.remove()
```

1. onResume 생명 주기 때 프로필 사진과 현재 팔로잉 및 팔로워 카운터 코드를 가져오는 부분이다.

2. 프로필 사진을 가져오는 코드이다.

3. 팔로잉 카운터를 가져오는 부분이다.

4. 팔로워 카운터를 가져오는 부분이다.

5. 팔로우를 요청하는 코드이다.

6. 현재 업로드한 사진들을 보여주는 Recyclerview Adapter이다.

7. 현재 내가 업로드한 이미지들 정보가 있는 contentDTOs를 만들어주는 부분이다.

8. Recyclerview Item에 들어갈 ImageView 아이템을 만들어주는 부분이다.

9. 각각의 아이템에 이미지를 바인딩해주는 부분이다.

10. onStop 생명 주기에서 4가지(팔로우, 팔로잉, 프로필 이미지, 업로드한 이미지)의 스냅샷들을 꺼주는 부분이다.

UserFragment의 프로필 사진

프로필 사진을 가져오는 코드는 getProfileImage() Function에서 가지고 온다. 기본적으로 PushDriven 방식의 addSnapshotListener를 이용해서 사진을 가지고 오도록 코드를 제작했다. 만약에 사용자가 사진을 변경했을 경우 자동적으로 ImageUrl 주소가 바뀌면서 프로필 사진도 변환되도록 코드가 만들어져 있다.

UserFragment.kt

```kotlin
class UserFragment : Fragment() {

    val PICK_PROFILE_FROM_ALBUM = 10
```

```kotlin
    // Firebase
    var auth: FirebaseAuth? = null
    var firestore: FirebaseFirestore? = null

    //private String destinationUid;
    var uid: String? = null
    var currentUserUid: String? = null
    var fragmentView: View? = null
    var imageprofileListenerRegistration : ListenerRegistration? = null


    override fun onCreateView(inflater: LayoutInflater, container: ViewGroup?,
savedInstanceState: Bundle?): View? {

        fragmentView = inflater.inflate(R.layout.fragment_user, container, false) ¹

        ...
        return fragmentView
    }

    override fun onResume() {
        super.onResume()
        getProfileImage()
    }


fun getProfileImage() {
    imageprofileListenerRegistration = firestore?.collection("profileImages")?.
document(uid!!)
                ?.addSnapshotListener { documentSnapshot, firebaseFirestoreException ->
²

                if (documentSnapshot?.data != null) {
                    val url = documentSnapshot?.data!!["image"] ³

            Glide.with(activity)
                    .load(url)
                .apply(RequestOptions().circleCrop()).into(fragmentView!!.account_iv_
profile) ⁴
                }
            }

    }
    override fun onStop() {
```

```
        super.onStop()
        imageprofileListenerRegistration?.remove() ⁵


    }
}
```

1. fragment_user.xml를 불러오는 코드이다.
2. profileImages의 Collection에 SnapshotListener를 찍는 부분이다. 만약 프로필 사진이 바뀌면 document Snapshot가 발생한다.
3. Image URL 주소를 받아오는 코드이다.
4. 프로필 사진을 올리는 코드이다.
5. 스냅샷을 제거하는 부분이다.

게시물 카운터 개수 만들기

게시물의 카운터 같은 경우는 일단 이미 RecyclerView Adapter를 만들어준 다음 그 안의
아이템 개수를 바로 카운터해서 그 값을 바인딩해주면 된다. Inner Class로 어댑터를 만들어
주면 바로 account_tv_post_count에 접근할 수 있으며 그 안에다가 카운터 개수를 넣어주면
된다.

UserFragment.kt

```kotlin
class UserFragment : Fragment() {

    val PICK_PROFILE_FROM_ALBUM = 10

    // Firebase

    var auth: FirebaseAuth? = null
    var firestore: FirebaseFirestore? = null

    //private String destinationUid;
    var uid: String? = null
    var currentUserUid: String? = null


    var fragmentView: View? = null
    var followingListenerRegistration: ListenerRegistration? = null

    override fun onCreateView(inflater: LayoutInflater, container: ViewGroup?,
savedInstanceState: Bundle?): View? {
        ...
        fragmentView?.account_recyclerview?.layoutManager =
GridLayoutManager(activity!!, 3)
        fragmentView?.account_recyclerview?.adapter =
UserFragmentRecyclerViewAdapter() [1]

        return fragmentView
    }


    inner class UserFragmentRecyclerViewAdapter : RecyclerView.Adapter<RecyclerView.
ViewHolder>() {

        val contentDTOs: ArrayList<ContentDTO> [2]

        init {

            contentDTOs = ArrayList()

            // 나의 사진만 찾기
            followingListenerRegistration =
firestore?.collection("images")?.whereEqualTo("uid", uid)?.addSnapshotListener {
querySnapshot, firebaseFirestoreException ->
            contentDTOs.clear()
```

```
                for (snapshot in querySnapshot?.documents!!) {
                    contentDTOs.add(snapshot.toObject(ContentDTO::class.java)!!) ³
                }

                account_tv_post_count.text = contentDTOs.size.toString() ⁴

        notifyDataSetChanged()

            }

        }
    ...
    }
```

1. account_recylcerview를 만든다.
2. 서버에서 받은 이미지들을 담는 리스트이다.
3. 서버의 이미지를 읽어와서 리스트에 담는 코드이다.
4. 이미지 개수를 바인딩해주는 부분이다.

팔로워 만들기

이 부분은 팔로워를 가지고 오는 코드이다. 보통 팔로워를 Push Driven 방식인 addSnapshot Listener 방식을 통해서 가지고 온다. 이렇게 가지고 오면 다른 사람이 나를 팔로우할 때 마다 실시간으로 몇 명인지 체크할 수 있게 된다.

UserFragment.kt

```kotlin
class UserFragment : Fragment() {

    // Firebase
    var auth: FirebaseAuth? = null
    var firestore: FirebaseFirestore? = null
```

```kotlin
    //private String destinationUid;
    var uid: String? = null
    var currentUserUid: String? = null

    var fragmentView: View? = null

    var followListenerRegistration: ListenerRegistration? = null

    override fun onCreateView(inflater: LayoutInflater, container: ViewGroup?,
savedInstanceState: Bundle?): View? {

        fragmentView = inflater.inflate(R.layout.fragment_user, container, false)

        // Firebase
        auth = FirebaseAuth.getInstance()
        firestore = FirebaseFirestore.getInstance()

        currentUserUid = auth?.currentUser?.uid  1

        if (arguments != null) {

            uid = arguments!!.getString("destinationUid")  2

        }


        return fragmentView
    }
    override fun onResume() {
        super.onResume()
        getFollower()  3
    }


    fun getFollower() {  4

    followListenerRegistration = firestore?.collection("users")?.document(uid!!)?.
addSnapshotListener { documentSnapshot, firebaseFirestoreException ->
            val followDTO = documentSnapshot?.toObject(FollowDTO::class.java)
            if (followDTO == null)return@addSnapshotListener  5

            fragmentView?.account_tv_follower_count?.text = followDTO?.followerCount.
toString()  6
            if (followDTO?.followers?.containsKey(currentUserUid)!!) {
```

```kotlin
                fragmentView?.account_btn_follow_signout?.text = getString(R.string.
        follow_cancel) 7
                fragmentView?.account_btn_follow_signout
                        ?.background
                        ?.setColorFilter(ContextCompat.getColor(activity!!,
        R.color.colorLightGray), PorterDuff.Mode.MULTIPLY)
            } else {
                if (uid != currentUserUid) {
                    fragmentView?.account_btn_follow_signout?.text =
        getString(R.string.follow) 8

        fragmentView?.account_btn_follow_signout?.background?.colorFilter = null
                }
            }
        }
    }
    override fun onStop(){
        super.onStop()
        followListenerRegistration?.remove() 9

}
```

1. 현재 로그인된 계정 정보의 UID가 담긴다.
2. 현재 선택된 페이지의 UID를 가져온다.
3. onResume 생명 주기에 getFollower 코드를 호출한다.
4. 현재 이 페이지의 팔로워를 받아오는 코드이다.
5. 만약 페이지를 아무도 팔로우하지 않을 경우 이벤트를 종료시킨다.
6. 팔로워가 있을 경우 account_tv_follower_count에 팔로워 수를 바인딩한다.
7. 만약 현재 페이지에 나의 UID가 있을 경우 팔로워 취소 버튼으로 세팅한다.
8. 팔로우를 하지 않았을 경우 팔로우 버튼으로 세팅한다.
9. 스냅샷을 종료시키는 코드이다.

팔로잉 만들기

UserFragment.kt

```kotlin
class UserFragment : Fragment() {

    // Firebase
    var auth: FirebaseAuth? = null
    var firestore: FirebaseFirestore? = null

    //private String destinationUid;
    var uid: String? = null
    var currentUserUid: String? = null

    var fragmentView: View? = null
    var followingListenerRegistration: ListenerRegistration? = null
```

```
    override fun onCreateView(inflater: LayoutInflater, container: ViewGroup?,
savedInstanceState: Bundle?): View? {

    fragmentView =
inflater.inflate(R.layout.fragment_user, container, false)

    // Firebase
    auth = FirebaseAuth.getInstance()
    firestore = FirebaseFirestore.getInstance()

    currentUserUid = auth?.currentUser?.uid

    if (arguments != null) {

        ui
d = arguments!!.getString("destinationUid") 1

    }

    return fragmentView
}

override fun onResume() {

    super.onResume()
    getFollowing() 2

}


fun getFollowing() {
    followingListenerRegistration =
firestore?.collection("users")?.document(uid!!)?.addSnapshot
Listener { documentSnapshot, firebaseFirestoreException -> 3
        val followDTO =
documentSnapshot?.toObject(FollowDTO::class.java)
        if (followDTO == null) {
            return@addSnapshotListener
        }

        fragmentView!!.account_tv_following_count.text =
followDTO?.followingCount.toString() 4
    }

}
```

240

```
    override fun onStop() {
        super.onStop()
        followingListenerRegistration?.remove() 5
    }
}
```

1. UID에는 현재 내가 선택한 페이지의 유저 UID가 담긴다.

2. 현재 팔로잉을 세팅하는 코드이다.

3. FollowDTO를 받아오는 부분이다.

4. 팔로잉 카운터를 folloDTO로 받아오며 followingCount값을 세팅해준다.

5. 스냅샷을 종료시키는 코드이다.

로그아웃 혹은 팔로잉 버튼 만들기

유저 페이지로 이동했을 경우 팔로우 버튼 또는 로그아웃 버튼이 있는 것을 볼 수 있다. 직접 어떻게 코드가 동작하는지 살펴보자.

UserFragment.kt

```kotlin
class UserFragment : Fragment() {

    // Firebase
    var auth: FirebaseAuth? = null
    var firestore: FirebaseFirestore? = null

    //private String destinationUid;
    var uid: String? = null
    var currentUserUid: String? = null

    var fragmentView: View? = null

        override fun onCreateView(inflater: LayoutInflater, container: ViewGroup?,
savedInstanceState: Bundle?): View? {

        fragmentView = inflater.inflate(R.layout.fragment_user, container, false)

        // Firebase
        auth = FirebaseAuth.getInstance()
        firestore = FirebaseFirestore.getInstance()

        currentUserUid = auth?.currentUser?.uid ¹

        if (arguments != null) {

            uid = arguments!!.getString("destinationUid") ²

            // 본인 계정인 경우 로그아웃, Toolbar 기본으로 설정
            if (uid != null && uid == currentUserUid) { ³

                fragmentView!!.account_btn_follow_signout.text = getString(R.
string.signout)
                fragmentView?.account_btn_follow_signout?.setOnClickListener { ⁴
                    activity?.finish()
                    startActivity(Intent(activity, LoginActivity::class.java))
                    auth?.signOut()

                }
            }
            ...
}

        }
        return fragmentView
```

242

```kotlin
    }

    fun requestFollow() { 5

        var tsDocFollowing = firestore!!.collection("users").document(currentUserUid!!)
        firestore?.runTransaction { transaction ->

            var followDTO = transaction.get(tsDocFollowing).toObject(FollowDTO::class.
java)
            if (followDTO == null) {

                followDTO = FollowDTO()
                followDTO.followingCount = 1
                followDTO.followings[uid!!] = true

                transaction.set(tsDocFollowing, followDTO) 6
                return@runTransaction

            }
            // Unstar the post and remove self from stars
            if (followDTO?.followings?.containsKey(uid)!!) {

                followDTO?.followingCount = followDTO?.followingCount - 1
                followDTO?.followings.remove(uid) 7
            } else {

                followDTO?.followingCount = followDTO?.followingCount + 1
                followDTO?.followings[uid!!] = true 8

            }
            transaction.set(tsDocFollowing, followDTO) 9
            return@runTransaction
        }

        var tsDocFollower = firestore!!.collection("users").document(uid!!)
        firestore?.runTransaction { transaction ->

            var followDTO = transaction.get(tsDocFollower).

toObject(FollowDTO::class.java)
            if (followDTO == null) {

                followDTO = FollowDTO()
                followDTO!!.followerCount = 1
```

```
            followDTO!!.followers[currentUserUid!!] = true
            transaction.set(tsDocFollower, followDTO!!) ¹⁰
            return@runTransaction
        }

        if (followDTO?.followers?.containsKey(currentUserUid!!)!!) {
            followDTO!!.followerCount = followDTO!!.followerCount - 1
            followDTO!!.followers.remove(currentUserUid!!) ¹¹
        } else {
            followDTO!!.followerCount = followDTO!!.followerCount + 1
            followDTO!!.followers[currentUserUid!!] = true ¹²
        }// Star the post and add self to stars

        transaction.set(tsDocFollower, followDTO!!) ¹³
        return@runTransaction
    }
}
```

1. 현재 로그인된 계정의 UID이다.

2. 현재 페이지의 유저 UID이다.

3. currentUserUid와 UID를 비교하는 코드이다. 만약 같을 경우 로그인된 유저의 페이지로 인식해서 로그아웃 버튼을 세팅하고 값이 다를 경우 팔로워 버튼을 세팅한다.

4. 액티비티 종료 및 로그아웃 LoginActivity 실행 이벤트를 넣는다.

5. 팔로우을 요청하는 부분이다. 팔로우을 요청할 경우 한번에 데이터를 2개 입력해야 되는데, 첫째는 나의 계정에 내가 누구를 팔로우하는지에 대한 정보이고 둘째는 상대방 계정에 나를 팔로잉하는지에 대한 정보이다.

6. 팔로잉이 아무도 없을 경우 데이터베이스 안에 있는 값이 NULL이기 때문에 직접 FollowDTO를 만든 후에 followingCounter에 숫자 1을 입력하고 followings에 현재 로그인된 유저의 UID를 입력한다.

7. 이미 팔로잉이 되었을 경우 팔로잉를 취소할 수 있도록 도와주는 코드이다.

8. 팔로잉하지 않았을 경우 팔로워를 할 수 있도록 도와주는 코드이다.

9. 위의 조건문을 통과한 후 데이터베이스에 입력한다.

10. 팔로우가 아무도 없을 경우 데이터베이스 안에 있는 값이 NULL이기 때문에 직접 FollowDTO를 만든 후 followerCounter에 숫자 1을 입력하고 followers에 현재 로그인된 유저의 UID를 입력한다.

11. 이미 팔로우가 되었을 경우 팔로워를 취소할 수 있는 코드이다.

12. 팔로워를 하지 않았을 경우 팔로워를 할 수 있는 코드이다.

13. 위의 조건문을 통과한 후 데이터베이스에 입력한다.

현재 페이지의 사진 그리드 뷰 만들기

인스타그램을 보면 유저의 페이지로 이동할 때 그 유저가 업로드한 사진들이 뜨는 뷰를 볼 수 있을 것이다. 이번에는 그것을 어떻게 만드는지 살펴보자.

UserFragment.kt

```kotlin
class UserFragment : Fragment() {

    // Firebase
    var auth: FirebaseAuth? = null
    var firestore: FirebaseFirestore? = null

    //private String destinationUid;
    var uid: String? = null
```

```kotlin
    var fragmentView: View? = null
    var recyclerListenerRegistration: ListenerRegistration? = null

    override fun onCreateView(inflater: LayoutInflater, container:
ViewGroup?, savedInstanceState: Bundle?): View? {

        fragmentView = inflater.inflate(R.layout.fragment_user,
container, false)
        fragmentView?.account_recyclerview?.layoutManager =
GridLayoutManager(activity!!, 3)
        fragmentView?.account_recyclerview?.adapter =
UserFragmentRecyclerViewAdapter() 1

        return fragmentView
    }


  inner class UserFragmentRecyclerViewAdapter : RecyclerView.Adapter<RecyclerView.
ViewHolder>() {

        val contentDTOs: ArrayList<ContentDTO>

        init {

            contentDTOs = ArrayList()

            // 나의 사진만 찾기
        recyclerListenerRegistration =

firestore?.collection("images")?.whereEqualTo("uid",
uid)?.addSnapshotListener { querySnapshot, firebaseFirestoreException
-> 2

            contentDTOs.clear()
            if (querySnapshot == null) return@addSnapshotListener 3
            for (snapshot in querySnapshot?.documents!!) {
contentDTOs.add(snapshot.toObject(ContentDTO::class.java)!!) 4
            }

                account_tv_post_count.text = contentDTOs.size.toString() 5
                notifyDataSetChanged() 6

            }

        }
```

```kotlin
        override fun onCreateViewHolder(parent: ViewGroup, viewType:
Int): RecyclerView.ViewHolder {

            val width = resources.displayMetrics.widthPixels / 3 7

            val imageView = ImageView(parent.context)
            imageView.layoutParams =
LinearLayoutCompat.LayoutParams(width, width) 8

            return CustomViewHolder(imageView)
        }

        override fun onBindViewHolder(holder: RecyclerView.ViewHolder,
position: Int) {
            var imageview = (holder as CustomViewHolder).imageView
            Glide.with(holder.itemView.context)
                .load(contentDTOs[position].imageUrl)
                .apply(RequestOptions().centerCrop())
                .into(imageview) 9

        }

        override fun getItemCount(): Int {

            return contentDTOs.size
        }

        // RecyclerView Adapter - View Holder
        inner class CustomViewHolder (var imageView: ImageView) :
RecyclerView.ViewHolder(imageView) 10
    }
    override fun onStop() {
        super.onStop()
        recyclerListenerRegistration?.remove() 11
    }
}
```

1. RecyclerView와 Adapter를 연동하는 부분이다.
2. 서버에 등록된 사진 중에 현재 페이지 유저가 등록한 이미지를 검색하는 쿼리를 날린다.
3. querySnapshot가 null일 경우 이벤트를 종료한다.
4. 이미지가 있을 경우 사진 데이터를 저장한다.
5. 게시물 카운터 개수를 입력한다.
6. Recylcerview를 다시 그린다.

7. 화면 폭 1/3 사이즈로 받아온다.

8. 화면 폭의 1/3 사이즈 되는 정사각형 이미지 뷰를 만든다.

9. contentDTOs[position].imageUrl를 받아서 이미지를 로딩하는 부분이다.

10. Recyclerview의 메모리 누수를 막아주는 부분이다.

11. 스냅샷을 종료시키는 코드이다.

UserFragment.kt

```
class UserFragment : Fragment() {

    // Firebase
    var auth: FirebaseAuth? = null
    var firestore: FirebaseFirestore? = null


    //private String destinationUid;
```

```
        var uid: String? = null
        var currentUserUid: String? = null

        var fragmentView: View? = null


        override fun onCreateView(inflater: LayoutInflater, container: ViewGroup?,
    savedInstanceState: Bundle?): View? {
            ...

            if (arguments != null) {
                uid = arguments!!.getString("destinationUid")
                // 본인 계정인 경우 로그아웃, Toolbar 기본으로 설정
                if (uid != null && uid == currentUserUid) {
                    ...
                } else {
                    fragmentView!!.account_btn_follow_signout.text =
    getString(R.string.follow)
                    var mainActivity = (activity as MainActivity)
                    mainActivity.toolbar_title_image.visibility = View.GONE ¹
                    mainActivity.toolbar_btn_back.visibility = View.VISIBLE ²
                    mainActivity.toolbar_username.visibility = View.VISIBLE ³
                    mainActivity.toolbar_username.text =
    arguments!!.getString("userId") ⁴

                    mainActivity.toolbar_btn_back.setOnClickListener
    { mainActivity.bottom_navigation.selectedItemId = R.id.action_home } ⁵
                    ...
                }
            return fragmentView
        }
    }
```

1. Howlstagram Title 이미지를 숨기는 코드이다.

2. BackKey 버튼을 활성화한다.

3. 현재 UserFramgent의 계정 아이디를 보여주는 TextView를 활성화한다.

4. toolbar_username 안에 userId로 받은 유저 아이디를 넣어준다.

5. 뒤로 가기 버튼 클릭 시 DetailViewFragment로 이동한다.

프로필 사진 올리기

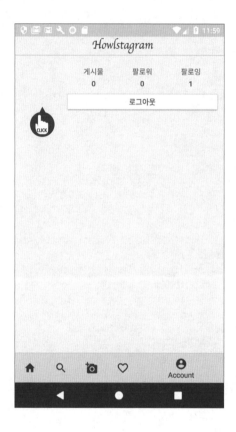

프로필 사진을 올리는 방법을 알아보자. 프로필 사진을 클릭하면 앨범이 나타나도록 코드를 이미 상단에 만들어놓았다. 하지만 실제로 사진을 선택하면 사진이 업로드되지 않는데 그 이유는 사진을 업로드하는 코드가 없기 때문이다.

그럼 업로드하는 코드는 어디에 올려야 할까? 정답은 Activity이다. Fragment는 앨범에서 선택한 결과값을 받는 부분이 없다. 그렇기 때문에 Fragment가 소속된 Activity에서 사진을 올리는 코드를 넣어야 하며 MainActivity에 onActivityResult를 만들어서 업로드 코드를 넣어주면 된다.

MainActivity.kt

```kotlin
val PICK_PROFILE_FROM_ALBUM = 10

override fun onActivityResult(requestCode: Int, resultCode:
Int, data: Intent?) {

    if (requestCode == PICK_PROFILE_FROM_ALBUM && resultCode
== Activity.RESULT_OK) { 1

    var imageUri = data?.data 2


    //유저 Uid
    val uid = FirebaseAuth.getInstance().currentUser!!.uid
//파일 업로드

    FirebaseStorage
        .getInstance()
        .reference
        .child("userProfileImages")
        .child(uid)
        .putFile(imageUri!!)
        .addOnCompleteListener { task -> 3
            val url = task.result.downloadUrl.toString() 4
            val map = HashMap<String, Any>()
            map["image"] = url
FirebaseFirestore.getInstance().collection("profileImages").
document(uid).set(map) 5
        }
    }

}
```

1. UserFragment에서 자신의 프로필 사진을 선택했을 경우 이벤트가 발생되는 부분이다.
2. 선택된 사진이 imageUri로 담기게 된다.
3. Firebase Storage에 사진을 올리는 코드이다. 경로는 userProfileImages 〉 UID 〉 image에 이미지 다운로드 URL을 올리는 부분이다.
4. 다운로드가 완료되면 이미지 다운로드 URL 주소가 넘어온다.
5. profileImages 〉 UID의 데이터베이스에 다운로드 URL 주소를 저장한다.

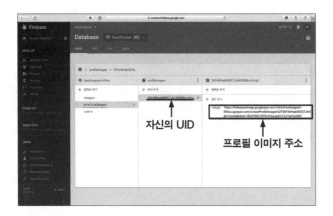

 자신의 UID

프로필 이미지 주소

profileImages 안에 도큐먼트 이름을 UID로 지정한 후에 프로필 사진을 저장하자.

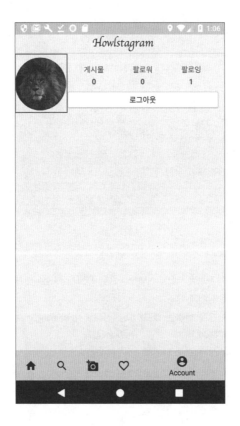

이미지 주소가 profileImages에 업로드되면 자동적으로 프로필에 나오는 것을 볼 수가 있다.

CommentActivity 만들기

CommentActivity는 이미지 댓글 리스트 Activity라고 생각하면 된다. CommentActivity PushDriven 방식으로 구현이 되어 있어서 현재 기능은 댓글을 다는 것처럼 만들었지만 채팅으로도 응용이 가능하다.

레이아웃 만들기

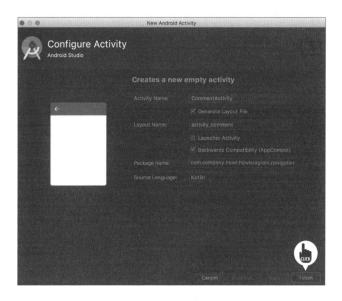

일단 레이아웃을 두 개 만들 예정인데 먼저 CommentActivity와 item_comment.xml을 만들고 진행하자. 여기서 item_comment.xml은 댓글을 Recyclerview로 만들어주는데 각각의 아이템에 들어가는 디자인이 바로 item_commnet.xml이다.

activity_comment.xml

```
<?xml version="1.0" encoding="utf-8"?>
<RelativeLayout xmlns:android="http://schemas.android.com/apk/res/android"
```

```xml
    xmlns:app="http://schemas.android.com/apk/res-auto"
    android:layout_width="match_parent"
    android:layout_height="match_parent"
    >

    <!-- Toolbar -->
    <android.support.v7.widget.Toolbar
        android:id="@+id/my_toolbar"
        android:layout_width="match_parent"
        android:layout_height="35dp"
        android:layout_alignParentTop="true"

android:theme="@style/ThemeOverlay.AppCompat.Dark.ActionBar"
        app:contentInsetStart="0dp"
        app:popupTheme="@style/ThemeOverlay.AppCompat.Light"> [1]

        <ImageView
            android:layout_width="match_parent"
            android:layout_height="match_parent"
            android:layout_margin="3dp"
            android:contentDescription="@string/app_name"
            android:src="@drawable/logo_title" /> [2]

    </android.support.v7.widget.Toolbar>

    <LinearLayout
        android:id="@+id/toolbar_division"
        android:layout_width="match_parent"
        android:layout_height="1dp"
        android:layout_below="@id/my_toolbar"
        android:background="@color/colorDivision"
        android:orientation="horizontal" />

    <!-- Contents -->

<android.support.v7.widget.RecyclerView
        android:id="@+id/comment_recyclerview"
        android:layout_width="match_parent"
        android:layout_height="wrap_content"
        android:layout_below="@id/toolbar_division"
        android:layout_marginBottom="30dp"
        android:layout_marginTop="8dp" /> [3]

    <Button
```

```
            android:id="@+id/comment_btn_send"
            android:layout_width="wrap_content"
            android:layout_height="wrap_content"
            android:layout_below="@id/comment_recyclerview"
            android:layout_margin="10dp"
            android:text="@string/send"
            android:theme="@style/ButtonStyle"
            android:layout_alignParentRight="true" /> 4

        <EditText
            android:id="@+id/comment_edit_message"
            android:layout_width="match_parent"
            android:layout_height="wrap_content"
            android:layout_below="@id/comment_recyclerview"
            android:layout_margin="10dp"
            android:layout_toLeftOf="@id/comment_btn_send" /> 5

</RelativeLayout>
```

1. 상단 툴바 세팅
2. 툴바 이미지 로고
3. 댓글들을 보여주는 Recyclerview
4. 메시지 보내기 버튼
5. 메시지 입력 TextView

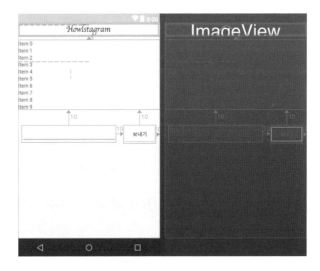

다음으로 item_comment.xml을 만들어보자.

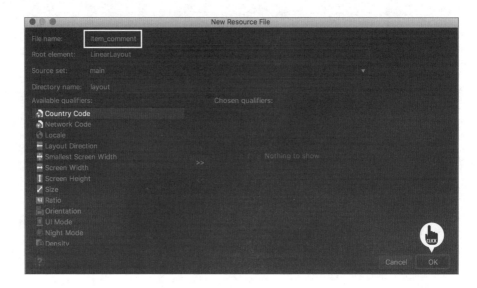

New Resource File로 xml 파일을 생성하고 각각에 들어갈 댓글 아이템을 만들어주자.

item_comment.xml

```xml
<?xml version="1.0" encoding="utf-8"?>
<LinearLayout xmlns:android="http://schemas.android.com/apk/res/android"
    xmlns:tools="http://schemas.android.com/tools"
    android:layout_width="match_parent"
    android:layout_height="50dp"
    android:gravity="center_vertical"
    android:orientation="horizontal">

    <ImageView
        android:id="@+id/commentviewitem_imageview_profile"
        android:layout_width="35dp"
        android:layout_height="35dp"
        android:layout_margin="7.5dp" />

    <TextView
        android:id="@+id/commentviewitem_textview_profile"
        android:layout_width="wrap_content"
        android:layout_height="wrap_content"
        android:layout_margin="7.5dp"
```

```
            android:textStyle="bold"
            tools:text="유저 아이디" />  ²

    <TextView
            android:id="@+id/commentviewitem_textview_comment"
            android:layout_width="wrap_content"
            android:layout_height="wrap_content"
            tools:text="메시지입니다" />  ³
</LinearLayout>
```

1. 프로필 ImageView
2. 유저 아이디 TextView
3. 댓글 TextView

데이터 모델

댓글을 주고받기 위해서는 데이터 모델이 필요하다. CommentDTO 데이터 모델을 만들어주자.

CommentActivity.kt

```kotlin
class CommentActivity : AppCompatActivity() {

    var contentUid: String? = null
    var user: FirebaseUser? = null
    var destinationUid: String? = null
    var commentSnapshot: ListenerRegistration? = null

    override fun onCreate(savedInstanceState: Bundle?) { [1]

        super.onCreate(savedInstanceState)
        setContentView(R.layout.activity_comment)

        user = FirebaseAuth.getInstance().currentUser
        destinationUid = intent.getStringExtra("destinationUid")
        contentUid = intent.getStringExtra("contentUid")

        comment_btn_send.setOnClickListener {
            val comment = ContentDTO.Comment()

            comment.userId = FirebaseAuth.getInstance().currentUser!!.email
            comment.comment = comment_edit_message.text.toString()
            comment.uid = FirebaseAuth.getInstance().currentUser!!.uid
            comment.timestamp = System.currentTimeMillis()

            FirebaseFirestore.getInstance()
                    .collection("images")
                    .document(contentUid!!)
                    .collection("comments")
                    .document()
                    .set(comment)


            comment_edit_message.setText("")

        }
```

```kotlin
        comment_recyclerview.adapter = CommentRecyclerViewAdapter()
        comment_recyclerview.layoutManager = LinearLayoutManager(this)

    }

    override fun onStop() { ²
        super.onStop()
        commentSnapshot?.remove()

}

    inner class CommentRecyclerViewAdapter :
RecyclerView.Adapter<RecyclerView.ViewHolder>() { ³
        val comments: ArrayList<ContentDTO.Comment>

        init { ⁴
            comments = ArrayList()
            commentSnapshot = FirebaseFirestore
                    .getInstance()
                    .collection("images")
                    .document(contentUid!!)
                    .collection("comments")
                    .addSnapshotListener { querySnapshot, firebaseFirestoreException ->
                        comments.clear()
                        if(querySnapshot == null) return@addSnapshotListener

                        for (snapshot in querySnapshot?.documents!!) {
comments.add(snapshot.toObject(ContentDTO.Comment::class.java)!!)
                        }
                        notifyDataSetChanged()

                }

        }

        override fun onCreateViewHolder(parent: ViewGroup,
viewType: Int): RecyclerView.ViewHolder { ⁵
            val view = LayoutInflater.from(parent.context)
                    .inflate(R.layout.item_comment, parent, false)
            return CustomViewHolder(view)
        }

    override fun onBindViewHolder(holder:
RecyclerView.ViewHolder, position: Int) { ⁶
```

```
            var view = holder.itemView

            // Profile Image
            FirebaseFirestore.getInstance()
                    .collection("profileImages")
                    .document(comments[position].uid!!)
                            .addSnapshotListener { documentSnapshot,
    firebaseFirestoreException ->
                        if (documentSnapshot?.data != null) {

                            val url = documentSnapshot?.data!!["image"]
                            Glide.with(holder.itemView.context)
                                    .load(url)
                                    .apply(RequestOptions().circleCrop())
    .into(view.commentviewitem_imageview_profile)
                        }
                    }

            view.commentviewitem_textview_profile.text =
    comments[position].userId
            view.commentviewitem_textview_comment.text =
     comments[position].comment
        }

        override fun getItemCount(): Int {

            return comments.size
        }
        inner class CustomViewHolder(itemView: View) :
    RecyclerView.ViewHolder(itemView) 7
    }
}
```

1. CommentActivity에 쓰이는 Recyclerview, EditText, Button을 세팅한다.

2. onStop 생명 주기에 commentSnapshot을 제거한다.

3. 댓글 RecyclerView를 만드는 Adapter이다.

4. 서버에서 댓글 데이터를 불러와 comments를 만든다.

5. item_comment.xml를 불러오는 코드이다.

6. 각각의 아이템에 프로필 사진, 유저 아이디, 댓글을 바인딩하는 부분이다.

7. RecyclerView의 메모리 누수를 막아주는 클래스이다.

전송 버튼 만들기

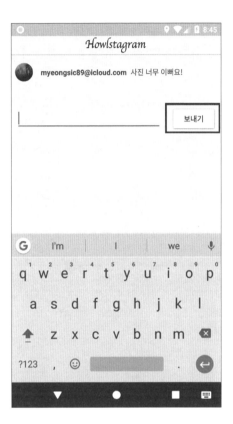

CommentActivity.kt

```
class CommentActivity : AppCompatActivity() {

    var contentUid: String? = null
    var user: FirebaseUser? = null
    var destinationUid: String? = null

    override fun onCreate(savedInstanceState: Bundle?) {
        super.onCreate(savedInstanceState)
        setContentView(R.layout.activity_comment)
        ...
        comment_btn_send.setOnClickListener {
            val comment = ContentDTO.Comment() [1]
```

```
        comment.userId = FirebaseAuth.getInstance().currentUser!!.email ²
        comment.comment = comment_edit_message.text.toString() ³
        comment.uid = FirebaseAuth.getInstance().currentUser!!.uid ⁴
        comment.timestamp = System.currentTimeMillis() ⁵

        FirebaseFirestore.getInstance()
                .collection("images")
                .document(contentUid!!)
                .collection("comments")
                .document()
                .set(comment) ⁶


        comment_edit_message.setText("") ⁷

    }
    ...
  }
}
```

1. Comment 클래스를 선언한다.
2. 댓글을 입력한 아이디를 입력한다.
3. 댓글을 입력한다.
4. 댓글을 입력한 UID를 입력한다.
5. 댓글을 입력한 시간을 입력한다.
6. 데이터베이스 images 〉 ContentUid 〉 commetns 경로로 이동해서 Comment 데이터베이스로 입력하는 코드이다.
7. comment_edit_message에 입력된 텍스트 값을 초기화한다.

메세지 리스트 만들기

CommentActivity.kt

```kotlin
class CommentActivity : AppCompatActivity() {

    var contentUid: String? = null
    var user: FirebaseUser? = null
    var destinationUid: String? = null
    var commentSnapshot: ListenerRegistration? = null
    override fun onCreate(savedInstanceState: Bundle?) {
        super.onCreate(savedInstanceState)
        setContentView(R.layout.activity_comment)
        ...
        comment_recyclerview.adapter = CommentRecyclerViewAdapter()
        comment_recyclerview.layoutManager =
LinearLayoutManager(this) ¹
```

```kotlin
        }

    inner class CommentRecyclerViewAdapter : RecyclerView.Adapter<RecyclerView.
ViewHolder>() {
        val comments: ArrayList<ContentDTO.Comment>

        init {
            comments = ArrayList()
            commentSnapshot = FirebaseFirestore
                    .getInstance()
                    .collection("images")
                    .document(contentUid!!)
                    .collection("comments")
                    .addSnapshotListener { querySnapshot, firebaseFirestoreException
->
                        comments.clear()
                        if(querySnapshot == null)
return@addSnapshotListener ²

                        for (snapshot in querySnapshot?.documents!!) {
comments.add(snapshot.toObject(ContentDTO.Comment::class.java)!!) ³
                        }
                        notifyDataSetChanged() ⁴

                    }

        }
    override fun onStop() {
        super.onStop()
        commentSnapshot?.remove() ⁵
    }

        override fun onCreateViewHolder(parent: ViewGroup,
viewType: Int): RecyclerView.ViewHolder {
            val view = LayoutInflater.from(parent.context)
                    .inflate(R.layout.item_comment, parent, false) ⁶
            return CustomViewHolder(view)
        }

        override fun onBindViewHolder(holder: RecyclerView.ViewHolder, position:
Int) {

            var view = holder.itemView

            // Profile Image
```

```
                FirebaseFirestore.getInstance()
                    .collection("profileImages")

                    .document(comments[position].uid!!)
                .addSnapshotListener { documentSnapshot,
firebaseFirestoreException ->
                        if (documentSnapshot?.data != null) {

                            val url = documentSnapshot?.data!!["image"] 7
                            Glide.with(holder.itemView.context)
                                .load(url)
                                .apply(RequestOptions().circleCrop()
).into(view.commentviewitem_imageview_profile) 8
                        }
                    }

            view.commentviewitem_textview_profile.text =
comments[position].userId  9
            view.commentviewitem_textview_comment.text =
comments[position].comment 10
        }

        override fun getItemCount(): Int {

            return comments.size 11
        }
        inner class CustomViewHolder(itemView: View) :
RecyclerView.ViewHolder(itemView) 12
    }
}
```

1. Comment Reyclerview와 Adapter를 연결하는 부분이다.
2. querySnapshot 값이 null일 경우 이벤트를 종료시킨다.
3. 댓글 리스트가 있을 경우 데이터를 comments에 담는다.
4. 데이터를 새로 받고 RecyclerView를 갱신한다.
5. 스냅샷을 종료시킨다.
6. item_comment.xml를 불러온다.
7. 프로필 사진 주소를 받는다.
8. 각 댓글의 프로필 사진을 바인딩한다.
9. 각 아이템의 아이디를 바인딩한다.
10. 각 아이템의 댓글을 바인딩한다.
11. comments 개수를 받아온다.
12. RecyclerView 메모리 누수를 방지한다.

AlarmFragment 만들기

AlarmFragment는 상대방이 좋아요, 댓글, 팔로우를 했을 때 알림을 보내는 Fragment
를 말한다. 알림 리스트를 RecyclcerView로 만들며 PushDriven 방식으로 상대방이 이
벤트를 발생시키면 바로 알림을 보내는 구조로 되어 있다.

레이아웃 만들기

fragment_alarm.xml

```xml
<?xml version="1.0" encoding="utf-8"?>
<LinearLayout xmlns:android="http://schemas.android.com/apk/res/android"
    android:layout_width="match_parent"
    android:layout_height="match_parent"
    android:orientation="vertical">

    <android.support.v7.widget.RecyclerView
        android:id="@+id/alarmframgent_recyclerview"
        android:layout_width="match_parent"
        android:layout_height="match_parent" /> ¹

</LinearLayout>
```

1. 알림 RecyclerView

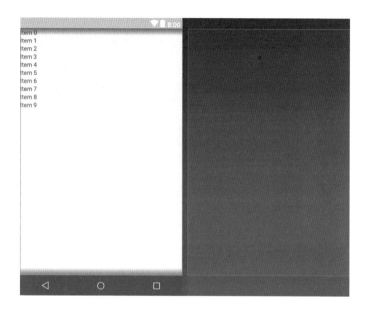

데이터 모델

알림 메시지가 발생했을 때 받기 위한 데이터 모델을 만들어보자.

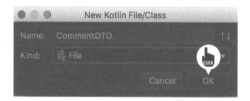

AlarmDTO.kt

```kotlin
data class AlarmDTO (
        var destinationUid: String? = null,
        var userId: String? = null,
        var uid: String? = null,
        var kind: Int = 0, //0 : 좋아요, 1: 댓글, 2: 팔로우
        var message: String? = null,
        var timestamp: Long? = null
)
```

각 명령어가 수행하는 작업은 다음과 같다.

명칭	사용 목적
destinationUid	메시지를 받는 대상의 UID
userId	메시지를 보내는 사람의 이메일
uid	메시지를 보내는 사람의 UID
kind	메시지 보내는 종류
message	메시지 내용
timestamp	메시지 보내는 시간

알림 메시지 만들기

AlarmFragment.kt

```kotlin
class AlarmFragment : Fragment() {

    override fun onCreateView(inflater: LayoutInflater, container: ViewGroup?,
savedInstanceState: Bundle?): View? {
        val view = inflater.inflate(R.layout.fragment_alarm, container, false)
        view.alarmframgent_recyclerview.adapter = AlarmRecyclerViewAdapter()
        view.alarmframgent_recyclerview.layoutManager =
LinearLayoutManager(activity)

        return view
    }

    inner class AlarmRecyclerViewAdapter :
RecyclerView.Adapter<RecyclerView.ViewHolder>() {
        val alarmDTOList = ArrayList<AlarmDTO>()

        init {

            val uid = FirebaseAuth.getInstance().currentUser!!.uid

                FirebaseFirestore.getInstance()
                    .collection("alarms")
                    .whereEqualTo("destinationUid", uid)
                    .addSnapshotListener { querySnapshot, firebaseFirestoreException
```

```kotlin
->                                                            [1]
                        alarmDTOList.clear()
                        if(querySnapshot == null)return@addSnapshotListener  [2]
                        for (snapshot in querySnapshot?.documents!!) {
alarmDTOList.add(snapshot.toObject(AlarmDTO::class.java)!!)  [3]
                        }
                        alarmDTOList.sortByDescending { it.timestamp }
                        notifyDataSetChanged()
                }

        }

        override fun onCreateViewHolder(parent: ViewGroup, viewType: Int):
RecyclerView.ViewHolder {
            val view =
LayoutInflater.from(parent.context).inflate(R.layout.item_comment, parent, false)  [4]
            return CustomViewHolder(view)
        }

        override fun onBindViewHolder(holder: RecyclerView.ViewHolder, position:
Int) {

            val profileImage = holder.itemView.commentviewitem_imageview_profile
            val commentTextView = holder.itemView.commentviewitem_textview_profile

            FirebaseFirestore.getInstance().collection("profileImages")
                    .document(alarmDTOList[position].uid!!).get().addOnCompleteListe

ner {
                        task ->
                        if(task.isSuccessful){
                            val url = task.result["image"]
                            Glide.with(activity)
                                    .load(url)
                                    .apply(RequestOptions().circleCrop())
                                    .into(profileImage)  [5]
                        }
                    }

            when (alarmDTOList[position].kind) {  [6]
                0 -> {
                    val str_0 = alarmDTOList[position].userId +
getString(R.string.alarm_favorite)
                    commentTextView.text = str_0
```

```
                }

            1 -> {
                val str_1 = alarmDTOList[position].userId +
getString(R.string.alarm_who) + alarmDTOList[position].message +
getString(R.string.alarm_comment)
                commentTextView.text = str_1
            }

            2 -> {
                val str_2 = alarmDTOList[position].userId +
getString(R.string.alarm_follow)
                commentTextView.text = str_2
            }
        }
    }

    override fun getItemCount(): Int {

        return alarmDTOList.size 7

    }
    inner class CustomViewHolder(itemView: View) :
RecyclerView.ViewHolder(itemView) 8

    }
}
```

1. 데이터베이스 alarams Collection의 메시지를 불러오는 쿼리이다.

2. querySnapshot값이 null일 경우 아무런 이벤트를 종료 시킨다.

3. 알림 메시지를 alarmDTOList에 담는다.

4. 이번에는 commentActivity에서 Recyclerview를 만들면서 사용했던 item_comment.xml를 이용해서 Recyclerview를 만들자.

5. 각각의 아이템의 프로필 사진을 다운로드한다.

6. 여기서 가장 중요한 부분인데 AlarmDTO의 kind 값에 따라서 각자 다르게 메시지를 표현하도록 만든다. Kind값이 0인 경우 좋아요 관련된 메시지를, Kind값이 1인 경우 댓글 관련 메시지를, Kind값이 2인 일 경우 팔로우 관련 메시지를 날리도록 코드를 만들었다.

7. alarmDTOList 개수를 RecylcerView에 설정한다.

8. Recyclerview 메모리 누수 방지 코드이다.

좋아요 알림 이벤트 발생시키기

이번에는 기존 DetailViewFragment에서 좋아요 버튼을 누를 때와 같이 알림을 보고해주는 코드를 넣어주자. 일단 DetailViewFragment로 이동한 후에 다음과 같이 코드를 추가한다.

DetailViewFragment.kt

```kotlin
fun favoriteAlarm(destinationUid: String) {

    val alarmDTO = AlarmDTO()

    alarmDTO.destinationUid = destinationUid    ¹
    alarmDTO.userId = user?.email               ²
    alarmDTO.uid = user?.uid                    ³

    alarmDTO.kind = 0                           ⁴
```

```
    alarmDTO.timestamp = System.currentTimeMillis() 5

FirebaseFirestore.getInstance().collection("alarms").document().set(a
larmDTO) 6
}
```

먼저 DetailViewFragment.kt로 이동한 후에 favoriteAlarm Functions을 추가해주자.

DetailViewFragment.kt

```
private fun favoriteEvent(position: Int) {
    var tsDoc = firestore?.collection("images")?.document(contentUidList[position])
    firestore?.runTransaction { transaction ->

        val uid = FirebaseAuth.getInstance().currentUser!!.uid
        val contentDTO =
transaction.get(tsDoc!!).toObject(ContentDTO::class.java)

        if (contentDTO!!.favorites.containsKey(uid)) {
            // Unstar the post and remove self from stars
            contentDTO?.favoriteCount = contentDTO?.favoriteCount!! - 1
            contentDTO?.favorites.remove(uid)

        } else {
            // Star the post and add self to stars
            contentDTO?.favoriteCount = contentDTO?.favoriteCount!! + 1
            contentDTO?.favorites[uid] = true
            favoriteAlarm(contentDTOs[position].uid!!) 7
        }
        transaction.set(tsDoc, contentDTO)
    }
}
```

1. 알림을 받는 유저의 UID이다.
2. 좋아요를 클릭한 유저의 이메일을 입력한다.
3. 좋아요를 클릭한 유저의 UID를 입력한다.
4. 메시지 코드 입력 Kind 값이 0일 경우 좋아요 알림 메시지를 보낸다.
5. 현재 시간을 입력한다.
6. alarms Colleciton의 데이터베이스에 데이터를 입력한다.
7. avoriteEvent Fuctiond안에 favoriteAlarm 코드를 넣어준다.

favoriteEvent Function의 favoriteCount +1로 올리는 부분 하단에 favoriteAlarm(conte
ntDTOs[position].uid!!) 값을 넣으면, 좋아요 카운터가 +1이 되는 것과 같이 데이터베이
스의 alarms Colleciton에 쌓이면서 상대방에게 알림이 가게 된다.

메시지 알림 이벤트 발생시키기

이번에는 메시지 알림 이벤트를 발생시켜보자. 이번 경우는 CommentActivity로 이동한 후
에 다음 commentAlarm 코드를 입력해주면 된다.

CommentActivity.kt

```kotlin
fun commentAlarm(destinationUid: String, message: String) {

    val alarmDTO = AlarmDTO()
    alarmDTO.destinationUid = destinationUid ¹
    alarmDTO.userId = user?.email ²
    alarmDTO.uid = user?.uid ³
    alarmDTO.kind = 1 ⁴
    alarmDTO.message = message ⁵
    alarmDTO.timestamp = System.currentTimeMillis() ⁶

    FirebaseFirestore.getInstance().collection("alarms").document().se
t(alarmDTO) ⁷
}
```

1. 보내고 싶은 사람의 UID를 입력한다.
2. 메세지를 입력한 유저의 이메일을 입력한다.
3. 메세지를 입력한 유저의 UID를 입력한다.
4. 메시지 코드 입력 Kind값이 1일 경우 댓글 알림 메시지가 발생한다..
5. 댓글 메시지를 입력한다.
6. 현재 시간을 입력한다.
7. 데이터베이스의 Alarms 콜렉션에 alarmDTO를 입력한다.

CommentActivity.kt

```kotlin
override fun onCreate(savedInstanceState: Bundle?) {
    super.onCreate(savedInstanceState)
    setContentView(R.layout.activity_comment)

    user = FirebaseAuth.getInstance().currentUser

    destinationUid = intent.getStringExtra("destinationUid")
    contentUid = intent.getStringExtra("contentUid")

    comment_btn_send.setOnClickListener {
        val comment = ContentDTO.Comment()

        comment.userId = FirebaseAuth.getInstance().currentUser!!.email
        comment.comment = comment_edit_message.text.toString()
        comment.uid = FirebaseAuth.getInstance().currentUser!!.uid
        comment.timestamp = System.currentTimeMillis()
```

274

```
        FirebaseFirestore.getInstance()
                .collection("images")
                .document(contentUid!!)
                .collection("comments")
                .document()
                .set(comment)

        commentAlarm(destinationUid!!,comment_edit_message.text.toString()) ¹
        comment_edit_message.setText("")

    }

...
}
```

comment_btn_send의 setOnClockListener 안에 코드 commentAlarm(destinationUid!!,
commnet_edit_message.text.toString())를 넣으면 메시지를 입력할 때마다 알림 이벤트가
발생한다.

팔로우 알림 이벤트 발생시키기

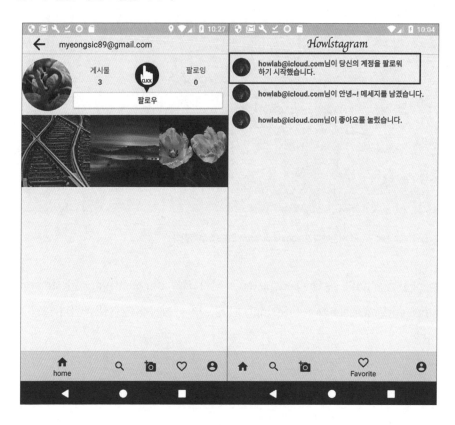

UserFragment의 팔로우 버튼을 클릭할 때마다 이벤트를 발생시키기 위해서는 User
Fragment 안에 followerAlarm Function을 만들어주어야 한다.

UserFragment.kt

```
fun followerAlarm(destinationUid: String) {

    val alarmDTO = AlarmDTO()
    alarmDTO.destinationUid = destinationUid ¹
    alarmDTO.userId = auth?.currentUser!!.email ²
    alarmDTO.uid = auth?.currentUser!!.uid ³
    alarmDTO.kind = 2 ⁴
```

276

```
    alarmDTO.timestamp = System.currentTimeMillis() 5

    FirebaseFirestore.getInstance().collection("alarms").document().se
t(alarmDTO) 6
}
```

^{1.} 메시지를 받는 유저의 UID이다.

^{2.} 메시지를 보내는 유저의 이메일이다.

^{3.} 메시지를 보내는 유저의 UID이다.

^{4.} 메시지 코드 입력 Kind 값이 2인 경우 팔로워 알림 메시지가 발생한다.

^{5.} 현재 메시지를 보낸 시간이다.

^{6.} 데이터베이스 alarms의 콜렉션에 alarmDTO를 입력한다.

UserFragment.kt

```
fun requestFollow() {
    var tsDocFollowing = firestore!!.collection("users").document(currentUserUid!!)
    firestore?.runTransaction { transaction ->

        var followDTO =
transaction.get(tsDocFollowing).toObject(FollowDTO::class.java)
        if (followDTO == null) {

            followDTO = FollowDTO()
            followDTO.followingCount = 1
            followDTO.followings[uid!!] = true

            transaction.set(tsDocFollowing, followDTO)
            return@runTransaction

        }
        // Unstar the post and remove self from stars
        if (followDTO?.followings?.containsKey(uid)!!) {

            followDTO?.followingCount = followDTO?.followingCount - 1
            followDTO?.followings.remove(uid)
        } else {

            followDTO?.followingCount = followDTO?.followingCount + 1
            followDTO?.followings[uid!!] = true
            followerAlarm(uid!!) 1
```

```
        }

        transaction.set(tsDocFollowing, followDTO)
        return@runTransaction
    }
}
```

1. requestFollow Function 안에 followerAlarm을 입력한다.

requestFollow의 followerCount＋1 카운터를 올리는 부분의 하단에 followerAlarm
(currentUserUid!!)를 추가한다.

DetailViewFragment에 팔로잉 사진 보이기

이제부터는 내가 팔로잉하는 유저만 볼 수 있도록 하는 기능을 넣어보자. 일단 Firebase
의 데이터베이스는 앞서 말했듯이 굉장히 쿼리가 약해서, 내가 팔로잉하는 사람들만 검색
하는 OR 쿼리를 날릴 수가 없다. 그렇기 때문에 따로 안드로이드 기기 내부에서 검색한
내용을 필터링해주면 이 문제는 해결이 된다.

DetailRecyclerViewAdapter in DetailViewFragment.kt

```
inner class DetailRecyclerViewAdapter : RecyclerView.Adapter<RecyclerView.
ViewHolder>() {

    val contentDTOs: ArrayList<ContentDTO>
    val contentUidList: ArrayList<String>

    init {

        contentDTOs = ArrayList()
        contentUidList = ArrayList()

        imagesSnapshot = firestore?.collection("images")?.orderBy("timestamp")?.
```

```
addSnapshotListener { querySnapshot, firebaseFirestoreException ->

        contentDTOs.clear()
        contentUidList.clear()

        if(querySnapshot == null)return@addSnapshotListener
        for (snapshot in querySnapshot!!.documents) {
            contentDTOs.add(snapshot.toObject(ContentDTO::class.java)!!)
            contentUidList.add(snapshot.id)
        }

        notifyDataSetChanged()

    }

  }
}
```

DetailViewFragment로 이동하면 DetailRecyclerViewAdapter 부분의 Init 코드가 이렇게 입력이 되어 있을 것이다. 이 코드를 다음과 같이 수정해주자.

데이터베이스의 users에 접근해서 현재 로그인된 계정을 팔로잉하는 유저 정보를 받아와 팔로잉하는 유저 이미지만 필터링해주는 코드를 넣어주자.

DetailRecyclerViewAdapter in DetailViewFragment.kt

```
init {
    contentDTOs = ArrayList()
    contentUidList = ArrayList()
    var uid = FirebaseAuth.getInstance().currentUser?.uid
    firestore?.collection("users")?.document(uid!!)?.get()?.addOnCompleteListener {
task ->
        if (task.isSuccessful) {

            var userDTO = task.result.toObject(FollowDTO::class.java) [1]
            if(userDTO?.followings != null){
                getCotents(userDTO?.followings) [2]
            }
        }
```

```
        }
    }

    fun getCotents(followers: MutableMap<String, Boolean>?) {
        imagesSnapshot = firestore?.collection("images")?.orderBy("timestamp")?.

    addSnapshotListener { querySnapshot, firebaseFirestoreException ->
            contentDTOs.clear()
            contentUidList.clear()
            if(querySnapshot == null)return@addSnapshotListener
            for (snapshot in querySnapshot!!.documents) {
                var item = snapshot.toObject(ContentDTO::class.java)!!

                if (followers?.keys?.contains(item.uid)!!) { ³
                    contentDTOs.add(item)
                    contentUidList.add(snapshot.id)
                }
            }
            notifyDataSetChanged()
        }
    }
```

1. 현재 로그인된 유저의 데이터베이스로 접근한다.
2. 로그인된 유저가 followings 하는 유저를 getContents Function으로 넘겨준다.
3. followers?.keys?.contains(item.uid) 코드를 추가하면 followers 안에 있는 UID 값만 필터링해서 보여준다.

DetailViewFragment로 이동해서 입력하면 내가 팔로잉하는 사람들만 필터링하게 된다.

GridFragment에서 UserFragment로 이동하기

GridFragment에 사진을 선택하면 유저 정보를 볼 수 있도록 만들어주자.

DetialViewFragment에 내가 팔로잉하는 유저만 보이게 설정할 경우 처음에는 Detaial ViewFragment에 아무 사진도 뜨지 않게 된다. 아무 사진도 뜨지 않으면 UserFragment로 이동할 수 없으며 이동할 수 없기 때문에 팔로우할 수도 없다. 그렇기 때문에 GridFragment 에서 UserFragment로 이동하는 코드를 입력해주자.

DetailViewFragment에 아무 것도 없기 때문에 어떠한 이벤트도 실행할 수 없다.

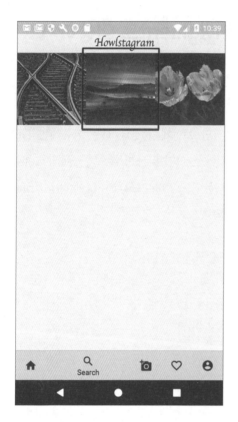
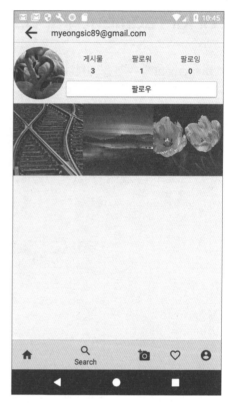

GirdFragment에서 아이템을 클릭하고 UserFragment로 이동한다.

그리고 상단의 그림과 같이 UserFragment로 이동할 수 있도록 코드를 수정해주자.

DetailRecyclerViewAdapter in DetailViewFragment.kt

```kotlin
override fun onBindViewHolder(holder: RecyclerView.ViewHolder, position: Int) {

    var imageView = (holder as CustomViewHolder).imageView

    ...
    imageView.setOnClickListener {
        val fragment = UserFragment()
        val bundle = Bundle()


        bundle.putString("destinationUid", contentDTOs[position].uid) 1
```

282

```
        bundle.putString("userId", contentDTOs[position].userId) ²


        fragment.arguments = bundle
        activity!!.supportFragmentManager.beginTransaction()
                .replace(R.id.main_content, fragment)
                .commit() ³
    }
}
```

1. 이동하려는 유저의 UID를 넣어준다.
2. 이동하려는 유저의 이메일을 넣어준다.
3. UserFragment로 이동한다.

onBindViewHolder 안에 있는 imageView에 setOnClickListener를 넣어주자.

이렇게 팔로잉한 후 Home(DetailViewFragment)로 이동하면 팔로우하는 사람의 이미지가
뜨는 것을 볼 수가 있다.

SNS 앱 아이콘 만들기

이번에는 손쉽게 아이콘을 만들 수 있는 사이트를 소개하고자 한다. http://romannurik. github.io/AndroidAssetStudio/icons-launcher.html로 이동하면 안드로이드에서 쓰이는 아이콘을 쉽게 만들 수 있다. 이쪽으로 이동한 후 다음과 같이 아이콘을 만들고 안드로이드 스튜디오에 넣어주자.

아이콘 다운로드하기

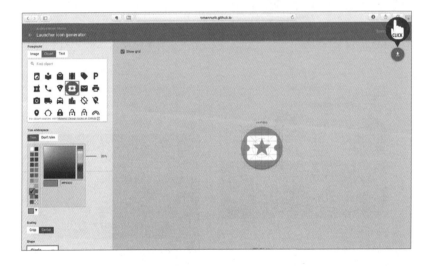

이와 같은 이미지 파일을 다운로드한다.

앱 아이콘 이미지를 Mipmap에 넣기

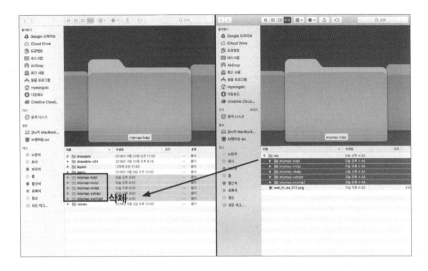

직접 안드로이드 프로젝트의 Res 폴더 경로로 접근해서 mipamp 폴더들을 삭제한 다음 다운로드받은 파일들을 넣어주자. 상단 이미지는 맥 기반의 화면이며 윈도우를 쓰는 독자들은 상단의 Mipmap 복사하는 이미지가 많이 다를 것이라 생각하지만 크게 신경 쓰지 말고 바로 mipamp 파일들을 넣어주자.

아이콘 세팅하기

아이콘을 세팅해주기 위해서는 AndroidManifest.xml로 이동한 다음에 application의 attitude의 roundIcon값을 변경시켜주면 된다.

AndoridManifest.xml

안드로이드 백그라운드로 이동하게 되면 이렇게 아이콘이 바뀐 것을 볼 수가 있다.

푸시 알림

먼저 푸시 알림을 보내기 위해서는 토큰이 있어야 한다. 또한 안드로이드 푸시를 사용하기 위해서는 라이브러리가 있어야 한다. 일단 안드로이드 라이브러리를 가져오자.

build.gradle(Module: app)

```
dependencies {
...
    //푸시 알람 라이브러리
    implementation 'com.google.firebase:firebase-messaging:12.0.0'
...
}
```

푸시 아이콘 가져오기

푸시 아이콘을 가져오기 위해서는 보통은 디자이너에게 부탁을 하거나 따로 제작한다. 디자인에 대해 크게 신경 쓰는 것이 아니라면 https://material.io/tools/icons/로 이동해서 구글이 제공하는 Material 아이콘을 하나 가져다 써도 되니 유용하게 사용하자.

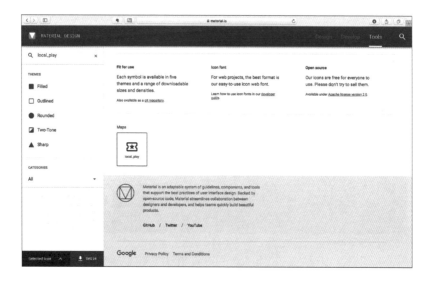

알려준 사이트로 이동한 후에 local_play라는 검색어를 입력하면 현재 앱 아이콘과 같은 푸시 아이콘을 얻을 수가 있다. 벡터 아이콘을 다운받자.

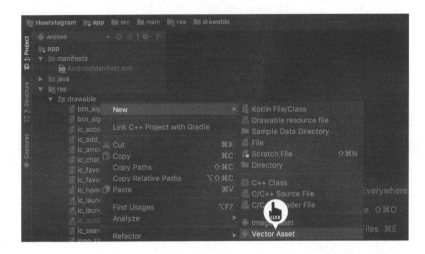

Drawable 〉New 〉Vector Asset으로 이동하면 벡터 아이콘을 집어넣는 창이 만들어진다.

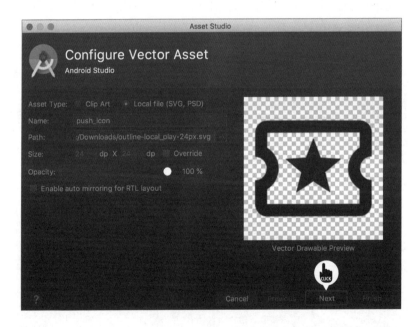

Path에 이미지 경로를 설정하고 push_icon이라고 입력한 후에 Next를 클릭하자.

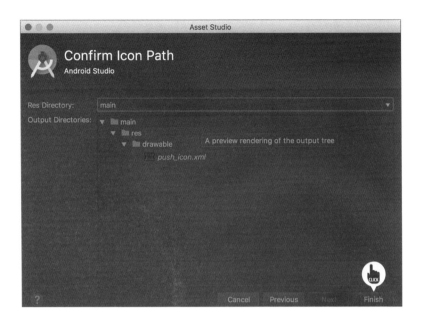

다음 단계에서 Finish를 클릭하면 drawable 폴더에 아이콘이 추가된 것을 볼 수 있다.

푸시 아이콘 설정하기

Android Oreo(8.0) 버전으로 오게 되면서 AndroidManifest.xml 안에 meta-data를 넣어주어야 한다. 다음의 푸시 처리 추가 코드를 넣어주자.

AndroidManifest.xml

```xml
<manifest xmlns:android="http://schemas.android.com/apk/res/android"
    package="com.company.howl.howlstagram">
    ...
    <application
        android:allowBackup="true"
        android:icon="@mipmap/ic_launcher"
        android:label="@string/app_name"
        android:roundIcon="@mipmap/ic_launcher"
        android:supportsRtl="true"
        android:theme="@style/AppTheme">
        ...
        <!--안드로이드 8.0 이상 푸시 처리 추가 코드-->
        <meta-data
            android:name="com.google.firebase.messaging.default_notification_icon"
            android:resource="@drawable/push_icon" />
        <meta-data
            android:name="com.google.firebase.messaging.default_notification_color"
            android:resource="@color/colorAccent" />
    </application>
</manifest>
```

푸시 토큰 서버 등록하기

푸시 토큰 서버를 등록하는 코드를 넣어주자. 구글 공식 문서에 보면 서비스를 만들어서 onRefreshToken Function 안에 만들어야 한다고 나와 있지만, 그럴 경우 너무 복잡해지기 때문에 간단히 MainActivity에서 토큰을 발급하고 pushtokens Collection에 넣어주자.

MainActivity.kt

```kotlin
class MainActivity : AppCompatActivity(), BottomNavigationView.OnNavigationItemSelecte
```

```
dListener {

    val PICK_PROFILE_FROM_ALBUM = 10
    override fun onCreate(savedInstanceState: Bundle?) {
        super.onCreate(savedInstanceState)
        ...
        //푸시 토큰 서버 등록
        registerPushToken()
    }

    fun registerPushToken(){
        var pushToken = FirebaseInstanceId.getInstance().token  ¹
        var uid = FirebaseAuth.getInstance().currentUser?.uid  ²
        var map = mutableMapOf<String,Any>()
        map["pushtoken"] = pushToken!!
        FirebaseFirestore.getInstance().collection("pushtokens").document(uid!!).set(map)  ³
    }
}
```

1. 현재 디바이스의 푸시 토큰을 발급힌다.
2. 현재 로그인된 유저의 UID를 가져온다.
3. Pushtokens를 콜렉션을 만들어서 도큐먼트 이름을 UID로 지정한 후에 그 안에 토큰주소를 입력한다.

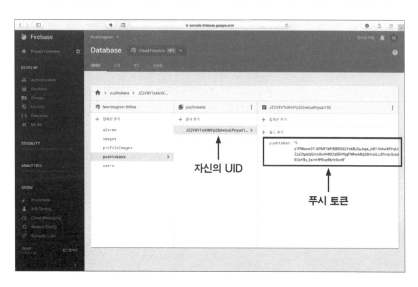

앱을 실행시키면 pushtokens 안에 푸시 토큰이 들어간 것을 볼 수가 있다.

현재 만든 푸시는 백그라운드만 작동하도록 만들어져 있으므로, 앱을 백그라운드 상태로 만든 후에 Firebase Console(https://console.firebase.google.com)로 이동한다.

Cloud Messaging을 선택한 후에 "첫 번째 메시지 보내기"를 클릭한다.

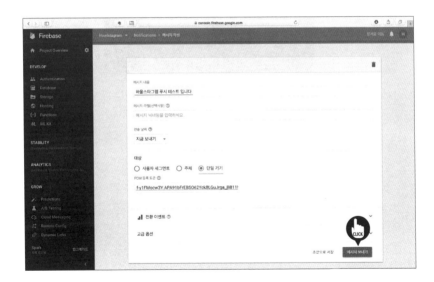

메시지 내용을 입력하고 단일 기기를 선택한다. 데이터베이스의 pushtokens으로 이동한 다음 pushtoken의 value값을 복사한 후 메시지 보내기를 클릭하자.

푸시가 정상적으로 작동하는 것을 볼 수가 있다. 그럼 다음 단계로 넘어가자.

안드로이드에서 푸시 전송하기

실제 푸시를 전송하기 위해서는 보통 FcmUpstream을 XMPP로 이용하는 푸시 전송 방식과 간단하게 HTTP로 호출하는 두 가지 방식이 있다. XMPP 방식은 서버를 구축해야 하는 굉장한 복잡한 방식이기 때문에 간단히 구현할 수 있는 HTTP 방식으로 푸시 호출을 구현해보자.

일단 HTTP 호출을 하기 위해 OKHTTP 라이브러리와 Gson을 준비한다.

라이브러리 추가

build.gradle(Module: app)

```
dependencies {
    ...
    //Okhttp 라이브러리
    implementation 'com.squareup.okhttp3:okhttp:3.10.0'
    //Gson 라이브러리
    implementation 'com.google.code.gson:gson:2.8.4'

    ...
}
```

Dependencies에 'com.squareup.okhttp3:okhttp:3.10.0'와 'com.google.code.gson:gson:2.8.4'값을 넣어주자.

데이터 모델

PushDTO.kt

```kotlin
data class PushDTO(var to: String? = null,
                   var notification: Notification? = Notification()) {
    data class Notification(var body: String? = null,
                            var title: String? = null)
}
```

명칭	사용 목적
to	PushToken 입력하는 부분 푸시를 받는 사용자
notificaiton	백그라운드 푸시 호출하는 변수
body	백그라운드 푸시 메시지 내용
title	백그라운드 푸시 타이틀

푸시 클래스 만들기

Gson,Okhttp 세팅이 완료되었으면 서버 키를 받아오자. HTTP로 푸시를 전송하기 위해 서는 서버 키가 필요하기 때문인데, Firebase 콘솔로 이동해서 받아올 수 있다.

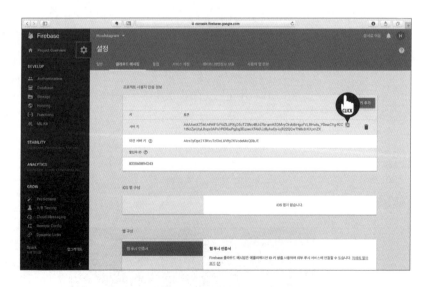

받아온 서버 키를 복사하자.

클래스 생성

FcmPush라는 클래스를 만든 다음에 푸시를 관리해주는 코드를 넣어주자.

FcmPush.kt

```kotlin
class FcmPush() {
    val JSON = MediaType.parse("application/json; charset=utf-8") [1]
    val url = "https://fcm.googleapis.com/fcm/send" [2]
    val serverKey = "AAAAwiX7fiM:APA91bF6iZLUPXgD5oTZ0Nc4RJd7kr-
amKEOMvyCkvhthHgoFVLRHwIs_YGewCYg-92C1tNzZaIUtyL0xpx0APshPEKbuPgjbg3EqsecXfAIdIJz8yAa
Oy-iojR22QQwTN8x8rKXpmZX" [3]

    var okHttpClient: OkHttpClient? = null
    var gson: Gson? = null
    init {
        gson = Gson()
        okHttpClient = OkHttpClient()
    }

    fun sendMessage(destinationUid: String, title: String, message: String) {
```

```kotlin
FirebaseFirestore.getInstance().collection("pushtokens").document(destinationUid).
get().addOnCompleteListener { task -> 4


        if (task.isSuccessful) {
            var totken = task.result["pushtoken"].toString()

            var pushDTO = PushDTO()
            pushDTO.to = totken 5
            pushDTO.notification?.title = title 6
            pushDTO.notification?.body = message 7
            var body = RequestBody.create(JSON, gson?.toJson(pushDTO))
            var request = Request
                    .Builder()
                    .addHeader("Content-Type", "application/json")
                    .addHeader("Authorization", "key=" + serverKey)
                    .url(url) 8
                    .post(body) 9
                    .build()
            okHttpClient?.newCall(request)?.enqueue(object : Callback { 10
                override fun onFailure(call: Call?, e: IOException?) {

                }
                override fun onResponse(call: Call?, response: Response?) {
                    println(response?.body()?.string()) 11
                }
            })
        }
    }
  }
}
```

1. Post 전송 JSON Type

2. FCM HTTP를 호출하는 URL

3. Fireabase Console에서 복사한 서버 키

4. destinationUid의 값으로 푸시를 보낼 디바이스의 푸시 토큰값을 가져오는 코드

5. 푸시 토큰 세팅

6. 푸시 타이틀 세팅

7. 푸시 메시지 세팅

8. 푸시 URL 주소 세팅

9. pushDTO가 담긴 body 세팅

10. 푸시 전송

11. HTTP 요청이 성공했을 경우 결과값 출력

좋아요 푸시 코드 추가

이제 좋아요 푸시를 추가해보자. 좋아요 알림인 favoriteAlarm Function 코드 안에 푸시 호출 코드를 넣는다. 먼저 DetailViewFragment로 이동한 다음에 fcmPush 클래스를 추가한다.

DetailViewFragment.kt

```kotlin
class DetailViewFragment : Fragment() {
    ...
    var fcmPush: FcmPush? = null ¹

    override fun onCreateView(inflater: LayoutInflater, container: ViewGroup?,
savedInstanceState: Bundle?): View? {

        ...
        fcmPush = FcmPush() ²
        ...
        return view
    }
    ...
    inner class DetailRecyclerViewAdapter : RecyclerView.Adapter<RecyclerView.
ViewHolder>() {

        ...
        fun favoriteAlarm(destinationUid: String) {

            val alarmDTO = AlarmDTO()
            alarmDTO.destinationUid = destinationUid
            alarmDTO.userId = user?.email
            alarmDTO.uid = user?.uid
            alarmDTO.kind = 0
            alarmDTO.timestamp = System.currentTimeMillis()

            FirebaseFirestore.getInstance().collection("alarms").document().set(alarmDTO)

            var message = user?.email + getString(R.string.alarm_favorite)
            fcmPush?.sendMessage(destinationUid, "알림 메시지 입니다.",
message) ³
        }
    }
}
```

1. FcmPush 클래스를 Global로 만든다..
2. fcmPush 초기화를 onCreateView에서 정한다.
3. 푸시를 받을 유저의 UID가 담긴 destiatnionUid값을 넣어준 후에, 타이틀 메시지를 넣고 fcmPush? sendMessage값을 호출한다.

댓글 푸시 코드 추가

이번에는 댓글 푸시가 오도록 해보자. 좋아요 알림인 commentAlarm Function 코드 안에 푸시 호출 코드를 넣으면 된다. 먼저 CommentActivity로 이동한 다음 fcmPush 클래스를 추가한다.

CommentActivity.kt

```kotlin
class CommentActivity : AppCompatActivity() {
    ...
    var fcmPush: FcmPush? = null ¹
    ...
    var commentSnapshot: ListenerRegistration? = null
    override fun onCreate(savedInstanceState: Bundle?) {
        super.onCreate(savedInstanceState)
        setContentView(R.layout.activity_comment)
        ...
        fcmPush = FcmPush() ²


        ...
    }


    fun commentAlarm(destinationUid: String, message: String) {

        val alarmDTO = AlarmDTO()
        alarmDTO.destinationUid = destinationUid
        alarmDTO.userId = user?.email
        alarmDTO.uid = user?.uid
        alarmDTO.kind = 1
        alarmDTO.message = message
        alarmDTO.timestamp = System.currentTimeMillis()

        FirebaseFirestore.getInstance().collection("alarms").document().set(alarmDTO)

        var message = user?.email + getString(R.string.alarm_who) + message +
getString(R.string.alarm_comment)
        fcmPush?.sendMessage(destinationUid, "알림 메시지입니다.", message) ³
    }
}
```

¹· FcmPush 클래스를 Global로 만든다.

²· fcmPush 초기화를 onCreateView에서 정한다.

³· 푸시를 받을 유저의 UID가 담긴 destiatnionUid값을 넣어준 후, 타이틀 메시지를 넣고 fcmPush?. sendMessage 값을 호출한다.

팔로우 푸시 코드 추가

추가로 팔로우 푸시가 오도록 해보자. 좋아요 알림인 followerAlarm Function 코드 안에다가 푸시 호출 코드를 넣으면 된다. 먼저 UserFragment로 이동한 다음에 fcmPush 클래스를 추가한다.

UserFragment.kt

```kotlin
class UserFragment : Fragment() {

    ...
    var fcmPush :FcmPush? = null ¹

    override fun onCreateView(inflater: LayoutInflater, container: ViewGroup?,
savedInstanceState: Bundle?): View? {

        ...
        fcmPush = FcmPush() ²
```

```
    ...
    return fragmentView

}

fun followerAlarm(destinationUid: String) {

    val alarmDTO = AlarmDTO()
    alarmDTO.destinationUid = destinationUid
    alarmDTO.userId = auth?.currentUser!!.email
    alarmDTO.uid = auth?.currentUser!!.uid
    alarmDTO.kind = 2
    alarmDTO.timestamp = System.currentTimeMillis()

    FirebaseFirestore.getInstance().collection("alarms").document().set(alarmDTO)
    var message = auth?.currentUser!!.email + getString(R.string.alarm_follow)
    fcmPush?.sendMessage(destinationUid,"알림 메시지입니다.", message) ³
    }
}
```

1. FcmPush 클래스를 Global로 만든다.
2. fcmPush 초기화를 onCreateView에서 정한다.
3. 푸시를 받을 유저의 UID가 담긴 destiatnionUid값을 넣어준 후, 타이틀 메시지를 넣고 fcmPush?. sendMessage 값을 호출한다.

마무리

이제 앱이 다 만들어졌다. 여러분은 이제 SNS 앱을 혼자서 서버부터 전부 다 만들 수 있는 고급 기술자가 된 것이다. 물론 이 모든 부분을 다 따라하기는 쉽지 않으므로 원본 소스 코드를 제공한다. https://github.com/you6878/howlstagram.git으로 이동하게 되면 이책의 원본 소스코드를 볼 수가 있다.

자바 원본 소스 코드도 있다. 필자는 현재 가지고 있지 않지만 필자와 같이 공부했던 권병수 개발자의 깃허브(https://github.com/stack07142/firebase-photos)에는 코드가 다행히 남아 있다. 이 코드는 버전 1.0 이라고 생각하면 된다. 버전 1.0은 구버전인 RealTime Dababase로 만들어져 있다. 자바 코드와 RealTime Database 예제 코드가 필요한 사람은 이 코드를 참고하길 바란다.

이 책에서 사용한 소스 코드는 자바 원본 코드 1.0 버전에 코틀린 코드와 새로운 데이터베이스를 적용한 코드로 버전 2.0이라고 생각하면 된다. 책의 내용을 보면 알겠지만 자바 코드 1.0과 다르게 추가적으로 트위터 로그인과 Firebase의 새로운 데이터베이스인 Firestore로 만들어진 것을 확인할 수 있을 것이다.

찾아보기

Firebase로 안드로이드 SNS 앱 만들기

당신도 인스타그램 앱을 만들 수 있다

초판 1쇄 발행 | 2018년 7월 31일

지은이 | 하울
펴낸이 | 김범준
기획/책임편집 | 이동원
편집디자인 | 심서령
표지디자인 | 김민정

발행처 | 비제이퍼블릭
출판신고 | 2009년 05월 01일 제300-2009-38호
주 소 | 서울시 종로구 중학동 19 더케이트윈타워 B동 2층 WeWork 광화문점
주문/문의 | 02-739-0739　　　　**팩스** | 02-6442-0739
홈페이지 | http://bjpublic.co.kr　　　**이메일** | bjpublic@bjpublic.co.kr

가격 | 24,000원
ISBN 979-11-86697-62-7
한국어판 © 2018 비제이퍼블릭